JN240736

PDCAを回して結果を出す！

P Plan
D Do
C Check
A Action

UTAGE集客・運用マニュアル

UTAGE講師まどか
Madoka

つた書房

本書をお読みいただく上での注意点

●本書に記載したUTAGE操作方法は2024年11月時点での内容となります。
　UTAGEはアップデートが盛んなアクティブなツールなので本書と違う操作
　画面が表示された場合は【UTAGEマニュアル】にて最新情報をご確認くだ
　さい。

●本書の情報に関しては予告なく変更される可能性がありますので、予めご
　了承ください。

UTAGEマニュアル
https://help.utage-system.com/

■ はじめに

皆さま、はじめまして。
UTAGE講師のまどかと申します。

　元々はパソコン操作が苦手でツール迷子になっていた1人でしたが、オールインワンツールUTAGEとの出会いで少しずつできることが増え、今ではすべての構築を自分1人で行えるようになりました。

　現在は数多くのSNSでビジネスインフルエンサーとして活躍されているYouTubeマーケターおさるさんが主宰されている、おさるマーケ大学というブランドシリーズにてUTAGEファネル構築講座の講師を務めており、現在ではありがたいことに600名を超えるオンラインコンテンツ販売者や実店舗経営者の皆様にご受講いただいています。

　この600名の受講生の方々もオンラインコンテンツ販売にまつわるさまざまな悩みや課題を抱えていた中、UTAGEを導入したことで

- 今までよりも売上が5倍に増えた！
- ずっと手作業で疲弊していたお客様対応や販売準備が一気に構築できて本当に楽になった！
- 初めてのコンテンツ販売でスムーズに成約をいただけた！

というご報告を多数頂戴しています。

　せっかくご縁あってこの本を読んでくださっているみなさんにも同じようにUTAGEを活用していただくために、本書ではオンラインコンテンツ販売にまつわる必要なUTAGE構築をすべて網羅しました。

　UTAGEは多機能に渡るが故に「使い方が難しい」と思われてしまう方もいますが、この本のステップを一緒に進めていき、あなたが作った価値あるコンテンツを必要なお客様にしっかり届けられるセールスファネルを完成させましょう。

C O N T E N T S

オンラインコースを販売するためのセールスファネル設計

CHAPTER-5

UTAGEでのセールスファネル構築と編集

CHAPTER-6

読者特典

ビジネス系トップインフルエンサーが解説!

おさる式最新ファネル×UTAGE完全攻略セミナーに無料ご招待

https://utage-system.com/page/yThfBjsZops4?ftid=6FnGE6IA5vwg

❶UTAGE操作動画完全マニュアル&マーケ解説パック 101分動画

❷売れる型を公開! 最新ファネル解説 プレミアム動画

❸必見! ローンチで失敗する人の闇　シークレッツ動画

❹高単価コンテンツ販売の極意　おさる×UTAGE開発者 いずみ×講師まどか特別対談動画

❺UTAGEでマネタイズできた　コンテンツ販売×SNSマーケ電子書籍　P110

❻UTAGEで売れるジャンル事例10選 徹底解説　図解版

❼おさる式×UTAGEファネル構築テンプレシート

受け取りは
こちら➡

仕組み化するなら
UTAGEが
最適な理由

UTAGEが仕組み化に向いている3つの理由

1

これまで仕組み化には、たくさんのツールが必要で、コストも労力も多大なものでした。UTAGEを仕組み化に使うと、コスト、労力、売上の面で大きなメリットがあります。

他システムに比べて利用コストが驚くほど安い

「オンラインで自分が作ったコンテンツを販売したい！」

「オンラインコンテンツの販売に必要なシステムやツールを調べてみると結構コストがかかってしまうのが気になる。」

「オンラインコンテンツを販売するために使っているシステムに毎月結構なコストがかかっている。」

そんな風に思ったことはありませんか？

私自身も数年前からオンラインコンテンツの販売システムを構築する上でさまざまなツールを渡り歩いてきましたが

- メルマガ配信スタンド　月額20,000円
- 会員サイト　月額29,000円
- LINE配信拡張ツール　月額22,000円

ランディングページ制作1枚平均30万円と、毎月最低でも37万円ほどのコストがかかってしまいましたし、バラバラのツールを使うことで管理が一元化できませんでした。

さらには「自動化を構築して作業時間や工数を減らしたい！」って

思っていたのに、結局作業が減らずになかなか休めないという状況が何年も続きました。

「コストもかかるし作業も楽にならないな……」そんな風に悩んでいたあるとき、UTAGEの存在を知りました。

「え!?そんなに色々使えて月額約2万円で済むの?」

オールインワンツールのUTAGEでは、メルマガ配信・会員サイト作成・LINE配信・LP制作と必要なシステムがまとめて月額約2万円で運用ができることを知り即契約!

私自身、年間160万円ほどかかっていた運用コストが、UTAGEに切り替えたことで年間約26万円程度で済むようになり、そこでカットできたコストを別の事業投資に回すことができ、それが事業成長のきっかけとなりました。

今では私と同じようにUTAGEを使い出すオンラインコンテンツ販売者が爆発的に増えており、私が主催しているUTAGEファネル構築講座では2025年1月現在で650名を超える方々が受講されています。

これまでだったらオンラインコンテンツを販売する上で必要なツールは複数の契約が必要でそれぞれに毎月コストがかかってしまう状況の中、オンラインコース販売者にとって、UTAGEの圧倒的なコストの安さはかなり魅力的だと言えます。

オンラインコンテンツ販売に伴う仕組化を行う場合の運用コスト例

他ツール	UTAGE
メルマガ配信スタンド月額1万円から2万円 会員サイト月額29,000円 LINE配信拡張ツール月額22,000円 販売ページなどのランディングページ作成1枚につき 平均30万円	まとめて21,670円

　私は以前、メルマガスタンド・LINE拡張ツール・会員サイトとバラバラのツールを使っていたことで終わりのない作業に追われ、集客や受講生サポートなど、本当に割くべき事業にリソースを使うことができませんでした。

　メルマガ配信から申込があったとしても、売上の確認や会員サイトコンテンツの提供は一人一人に手作業で対応していましたので、申込があることはとても嬉しい反面、永遠に手作業が減らない……。

　そっちに手がかかってしまうとSNSでの発信活動に手が回らなくなり、段々と集客できる人数が減ってきて売上が下がってきてしまう。そんな悩みがありました。

　これは周りのオンラインコース販売者に聞いても同じで、
「ご予約ごとにZoomのリンクを発行して、個別でメールを送っているから、それで1日が終わってしまう」
「メルマガスタンド上で販売しても、会員サイトと連携ができてないから、結局手作業が増えてしまう」と自分が対応しなくても済む作業に手間取ってしまっている方がたくさんいます。

　その結果、私と同じようにインスタの更新ができない・受講生サポートが手薄になってしまう・新規集客が伸びにくくなった……と悩んでいる人が多いです。

　そこでUTAGEです！　UTAGEはオンラインコースに必要な機能がすべてオールインワンになっていることで、これまで手作業でやっていた顧客管理や対応を自動化することができるのです。しかも一度仕組みを作って自動化してしまえば、その後の作業量を1/10に減らすこともできます。

　メールやLINEでオンラインコンテンツのご紹介を行い、配信した購

入リンクからお客様が自ら申し込んでくださり、その後のメール配信や会員サイトの提供までまるっとUTAGEが自動でやってくれるので、私は今まで手作業にかけていた時間を使って、今まで以上にSNSの更新や受講生サポートがしっかりできるようになりました。

　UTAGEを導入したことで、私1人でも受講生を650名受け持って講座運営をし、たくさんのありがたい感想をいただけるようになりました。
　さらには自由になった時間で今までできなかった親孝行旅や更なるUTAGEの研究に時間を使えるようになったのです。
　オンラインコース販売者にとって、コストと時間カットはその後の事業展開の鍵となる重要な要素です。

LTVをあげる施策が標準で用意されている

　オンラインコンテンツを販売する上で、課題にすべきことの1つにLTV（顧客生涯価値）を上げることがあります。
「LTV（顧客生涯価値）」とは、お客様から生涯にわたって得られる利益のことを指します。
　なぜLTVの向上が必要かというと、オンラインコースを販売する上で、新規顧客の獲得には大きなコストがかかるからです。せっかく獲得したお客様でも、取引が1回限りで終われば、得られる利益は少ないですが、お客様との取引が続けば、獲得費用を回収することも、継続的な利益を生むこともできます。

　オンラインコースを1回販売して終わりではなく、リピート商品やアップセル商品などの購入を促すことで継続的な利益を生む仕組みを作ることが重要です。
　例えば、食事ダイエットコースのみを販売しているコンテンツホルダーのAさんと、食事ダイエットコースにプラスして、個別でアドバ

イスをするコンサルコースやエクササイズコースも販売しているＢさんとでは、お客様が購入してくださるトータル金額も違えば結果の出方も変わりますよね。

　そこでUTAGEでは、アップセル・クロスセル・トリップワイヤー・アフィリエイトといったLTVを上げる仕組みが用意されています。

■ 用語解説

アップセル：顧客が購入したその商品と同種で「より上位のもの」を提案し購入してもらうこと。
　例：基本講座→中級講座

クロスセル：顧客が購入しようとしている商品と別の商品を提案し、購入を検討してもらうこと。
　例：ダイエット講座→体質改善講座

トリップワイヤー：セールスファネル（販売のプロセス）の1つの形態で、低価格の気軽な商品を最初に販売し、そこから高単価なメイン商品を販売する手法のこと。
　例：3,000円の動画教材→10,000円の入門講座→98,000円のコンサルコースなど

アフィリエイト：商品やサービスを紹介し、購入や登録で報酬を得る仕組み。
　例：自分のインスタ講座を受講生にアフィリエイトで紹介販売してもらい、成果報酬を支払う。

　これらを上手に組み合わせてLTVをあげる仕組みをUTAGEで構築すれば、売上を上げていきながら労働時間を減らすことも可能になります。あなたもオンラインコンテンツ販売をする上でLTV（顧客生涯価

値）が上がるような仕組みを考えて、UTAGEで構築しましょう。

UTAGEで販売数を伸ばしているオンラインコンテンツ販売者

「複雑な作業から解放されお客様
サポートが円滑に！　累計売上
6,000万円を突破」
オンラインスキル教育事業
前田由紀子さん/株式会社CLAN
代表取締役

■ UTAGEの導入効果〜前田由紀子さんのケース〜

　以前はYouTubeでの情報発信とオンライン講座販売を行う中で、複数のツールを使い分ける手間や、顧客対応の煩雑さに課題を感じていました。UTAGE導入からわずか3日間で200万円、その後3ヶ月で累計2100万円の売上を達成。導入直後から、お申込の通知が止まらないほどの反響がありました。ファネルの最適化を重ね、お客様の状況に合わせて勉強会を組み合わせるなど、受講者一人一人に最適な学習環境を提供できる仕組みを構築。これまでの煩雑な作業から解放され、コンテンツ制作や新規講座の開発に注力できるようになりました。その結果、短期集中型の実践講座や上級講座など、オンライン講座のラインナップを大幅に拡充。UTAGE導入から現在までで累計売上6,000万円を突破。最も大きな変化は、24時間365日の顧客対応や複雑な決済管理から解放され、セールスの自動化と売上の向上を両立できたことです。

UTAGEではLPが いくつでも作れる

SECTION
02

コンテンツ販売においてとても重要なのに、コストと労力が膨大にかかっていたLP制作と運用が、UTAGEを使うと驚くほど楽に簡単に変わります。

LPの役割は大きい

　LPとはランディングページの略語で、Webマーケティングにおいて商品・サービスの購入や問い合わせを促進するWebページのことを指します。主な役割は「訪問したユーザーにメルマガ登録・申込・商品の購入など行動してもらうこと」になるため、その行動を促すためのページ構成にすることが重要です。

　LPを介さずに販売している方も見かけますが、様々なページでの販売経験がある私が思うのは「魅力をお客様に伝えられるページなのに使わないのは勿体無い！」ということです。

　ただ決済ができるだけのページと比べて、LPではこのオンラインコンテンツを受けるとどんな自分になれるのか・どんなことが身につくのかなどのベネフィットの説明があった先に、期待を込めて決済をするので、お客様のモチベーションも変わりますよね。

　LPは単なるウェブページではなく、マーケティング戦略の重要な一部として機能します。効果的なLPは、ビジネス目標の達成に大きく貢献するため、オンラインコース販売者にはとても重要なページと言えます。

LP作成にかかるコストと時間は膨大だった

　オンラインコンテンツを販売しているみなさんは、LP作成にどのくらいコストや時間をかけていますか？

　私の場合は、コストがかけられなかった時には自作のダサいページを1週間ぐらい時間をかけて作ったり、その後はデザイナーさんに発注して1枚30万円と高くかかってしまったりとLP作成に対して時間とコストがかかりすぎていました。

- お客様に魅力を伝えるのが役割のLPなのにダサい
- 作るたびにコストがかかる

　これはオンラインコンテンツ販売者にとっては致命的なことです。

　ここで改めて、LPを活用する上でのコストを2つの側面から考えてみましょう。一般的にはLPの作成や運用にまつわるコストはこの2パターンがあります。

①イニシャルコスト　　②ランニングコスト

　①イニシャルコストとは、LPの制作や開発にかかるコストのことを指し、一般的な費用として10万円から60万円が相場とされています。

　1つの販売プロモーションを行うのに、登録ページ・セミナー申込ページ・購入ページと複数枚のLPが必要となりますが、それをすべて用意するとかなりコストがかかってしまうため、なかなか用意ができず、その結果販売導線が脆くなり取りこぼしが発生してしまう側面があります。

　②ランニングコストとは、制作したLPの管理や運用にかかるコストを指し、サーバー代・修正費用などが毎月必要となります。

UTAGEには、上記2つのコストが月額利用料に含まれているため、多額のコストをかけなくてもLPを制作・運用することができます。

　私は、UTAGEを導入してから、現在はほとんどコストをかけずに、200枚ほどのLPを自作しました。

UTAGEでLPを作るとここまで簡単になる

　UTAGEの機能には、ランディングページの複製機能があり、1度作ったページをいくらでも複製することができます。

　新規のお客様向けに作成したページ（左）から一部変更してアーカイブ視聴ページを作成したものが右側です。

　他にも、コンサル募集ページを複製してセミナー募集ページを作成することもできます。複製機能の他、画像や文章を変えるだけで新しいLPを簡単に作ることができるため、コストも時間も大幅にカットすることができます。実際私は現在500ほどのファネルページを作成してありますが、ほとんどが複製して増やしているので実際の作成時間はかなり短く、コストもかからないのでさまざまなオンラインコンテンツを増やして販売することができています。

複数の決済代行会社の決済システムと連携できる

UTAGEではクレジットカード決済代行会社との連携があるため、簡単にクレジット決済システムを使うことができ売上アップに役立ちます。

オンラインコンテンツ販売には欠かせない決済システム

「このオンラインコンテンツに申し込もう！」とお客様が購入を決めた瞬間、販売者ならそのチャンスを逃さずに購入してもらいたいですよね？　UTAGEは決済システムと連携しているため、お客様が購入を決めたその瞬間にすぐさまクレジットカード決済をしてもらうことができます。

「欲しい時にすぐ買える」環境を用意しておけば、「面倒だから後にしよう」といった機会損失を減らすことができます。購入を決めた瞬間に、クレジットカードで申し込める環境があればすぐに決済でき、オンラインコースを入手することができるのでお客様にとってもメリットがある話です。

　また、クレジットカードのシステムを使えば、利便性が高い分割払いも利用できるため「一括での支払いは厳しいけど、分割払いができるなら今すぐはじめたい！」というお客様を取りこぼすことなく販売につなげることもできます（※クレジットカードの利用枠や利用回数による）。

　さらに24時間365日いつでも販売可能になり、さらには国境を越えた取引が容易になるので、世界中の顧客にリーチすることができます。

　これらの理由から、クレジット決済システムはオンラインコースの販売において極めて重要な役割を果たすと言えます。

UTAGEは決済代行会社5社連携ができる

　現在、UTAGE と連携できるクレジット決済代行会社は5社あります。
（2024年現在）

■ Stripe

特徴

- 海外の決済代行会社
- 導入・月額費用無料
- 柔軟な支払い方法を設定可能（変則的なサブスク決済など）

■ UnivaPay

特徴

- 国内決済代行会社
- アカウント凍結リスクが低い
- UTAGE経由で申し込むと初期費用・月額費用が無料
- 分割支払い・一括着金が可能（審査結果による）

■ テレコムクレジット

特徴

- 国内決済代行会社
- 無形商材に強く、審査通過率が高い
- 入金サイクルが早い（月末締め翌月10日払い）
- オーダーバンプ商品決済に使えない
- ZOOM販売時に契約書締結、継続課金・分割払いに設定依頼書
  提出が必要

■ AQUAGATES

特徴

- 国内決済代行会社
- 物販・コンサルティング・コンテンツ販売など、幅広い商品販売に対応
- UTAGE経由で利用すると手数料が安い
- 契約後6ヶ月決済利用がない場合、アカウントが停止される

■ FirstPayment

特徴

- デジタルコンテンツなど無形商材の販売に強い
- 他社で審査落ちした商材でも承認の可能性がある
- 他の決済代行サービスのアカウント凍結時のリスクヘッジとして有効

　扱うオンラインコース・居住地・費用面での違いがあるので、自分のビジネスと相性がいいものを選んでください。

※ガイドラインが変更になることが多い分野のため、決済代行会社を利用する場合には、必ず規約や契約条件を確認してください。

販売後のオンラインコース提供も自動化

　お客様があなたのオンラインコンテンツを期待して購入したあと、すぐ会員サイトにアクセスできれば、即座にカリキュラムをスタートさせることができ喜んでもらえますね！　販売者にとっても決済確認とコースの提供が自動化できれば、手間なく売上や満足度を上げていくことができる。UTAGEのシステムがあればそれも実現できます。

逆にそういった仕組みがないとお客様を不安に思わせてしまったり、最悪は返金対応になってしまうケースもあります。

　UTAGEでは決済システムが連携できることで、以下のように販売後のオンラインコース提供が自動化できます。

オンラインコース決済・購入

　↓

購入者にオンラインコース情報をメールで自動配信

　＆

オンラインコースに受講者登録され、すぐ利用できる

　もし自動化をしていなかったら以下のような工数がかかります。

お客様に決済ページのリンクをお送りする

　↓

決済されたかを確認する

　↓

オンラインコースが利用できるように受講生登録する

　↓

購入後のお礼やオンラインコース詳細をメールで送る

　この流れをすべて手動で、しかも一人一人に対応をしなければなりません。手動での作業は時間がかかってしまい、提供までにお客様をお待たせすることになります。モチベーション高く購入したタイミングで提供ができないと、その間に気持ちが冷めてしまって、キャンセルのお申し出がくる可能性が上がってしまいます。

　UTAGEがあればこの流れを自動化できるので、手間をかけることなく販売から提供まで一式で行えるため、お客様も熱意があるうちにオ

ンラインコースをはじめることができ、それがあなたのコースの満足度にも繋がるため、この辺りの自動化は非常に大事だといえます。

　さらに購入者通知が自分にも届く設定をしておけば、逐一購入情報の把握もできます。

　UTAGEでこの自動化の流れを構築し、販売数を伸ばしているオンラインコンテンツ販売者をご紹介します。

UTAGEで販売数を伸ばしているオンラインコンテンツ販売者

【UTAGEによって効率化が叶い事業拡大！
自分1人で500名もの受講生をしっかりサポート】
SNS戦略&コンテンツ事業支援
平岡成一さん（株式会社M.P.A代表取締役）

■ UTAGEの導入効果〜平岡成一さんのケース〜

　公務員受験生向けのオンライン塾と起業支援を両立する中で、時間確保が課題でしたが、UTAGEにより効率化が叶いました。従来はリストインから価値提供、教育、個別相談の申込まで多くの工程と時間が必要でしたが、UTAGEの自動化によって一気に効率化され、価値提供に共感した方のみが個別相談に申し込む流れが確立されています。この仕組みにより、私は当日の面談にのみ集中でき、公務員対策セイウチ塾の500名近い受講生をサポートしながらも、両事業をスムーズに展開できています。

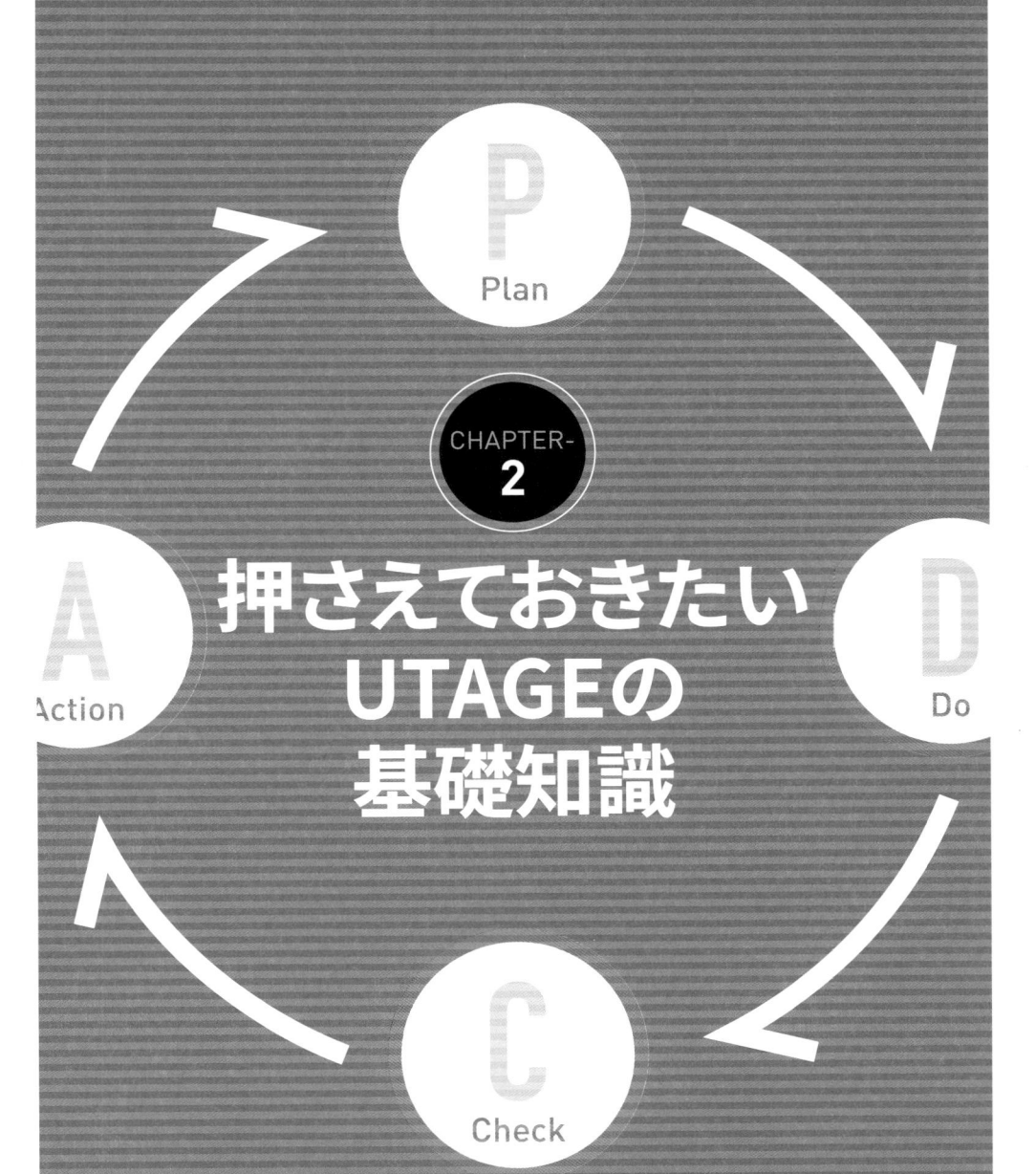

CHAPTER-2

押さえておきたい
UTAGEの
基礎知識

Plan

Do

Check

Action

ファネル機能

SECTION 01

ランディングページを作るのに手間やコストがかかってしまうと思いがちですが、UTAGEを使えば手間もコストも大幅にカットしつつ、自分らしいページが簡単に作れます。

ファネル機能とは？

オンラインコンテンツやオンラインコースを販売する際に必要なページは、販売ページ以外にもさまざまあります。

- メール登録ページ（オプトインLP）
- メールLINE登録プレゼントページ
- 個別相談申込ページ
- セミナー申込ページ
- 商品購入後のサンクスページ

UTAGEにおけるファネル機能とは、上記すべてのページを簡単に作成・編集ができる機能です。

お客様と接点を持つページとしての役割もあるため、自分のブランディングやオンラインコースのイメージに合うようなオリジナリティーあるページが必要とされますが、UTAGEの場合、自由度高くファネルページをいくつでも作成できるため、オンラインコース販売者にとって非常に便利な機能になっています。

デザインなどの専門性がなくても「要素」という機能を活用することによって、ブロックを簡単に積み上げるかのようにファネルページを作ることが可能です。

ファネルの要素一覧

　さらには、目的に合わせてファネルページをいくつでも作成することができるため、作成や運用コストをかけずに複数のオンラインコースを販売することも可能になります。

　実際私は現在10種ほどのオンラインコースを販売していますが、集客から販売のために、500ほどのファネルページを作成して販売に活用することができています。

■ ファネルとは？

　顧客が商品やサービスを認知してから購入に至るまでの過程を表す概念のことを指します。「ファネル」という名前は、この過程が漏斗（じょうご）の形に似ていることから来ています。

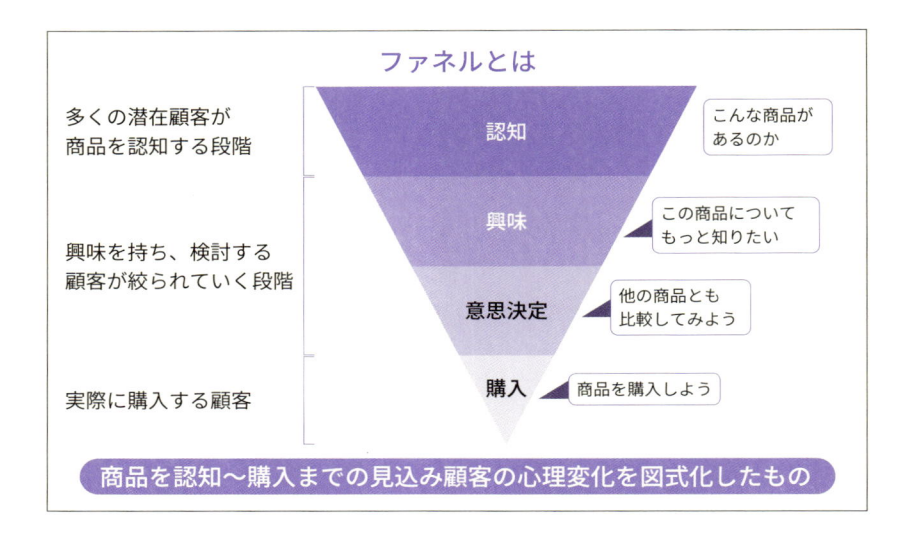

UTAGEで作成できるファネルページとその特徴

■ オプトインページ

メールアドレスやLINEに登録していただくためのページです。

■ 商品販売ページ

オンラインコースを販売するためのページです。UTAGEの場合、決済システムやメール配信機能と連携ができるため、他ページに遷移しなくても商品販売ページ上で決済ができ、決済後のオンラインコース提供のメール配信も自動で完了できます。

■ プロモーション用動画視聴ページ

プロモーション用動画は、商品、サービス、ブランドを宣伝し、認知度を高めるために作成される短い映像コンテンツのことを指します。ファネルページの中に動画を埋め込むことができ、さらに視聴した先に誘導したいオファーやご案内も併せて1つのページに掲載すること

ができるため、効果的にプロモーションを行える利点があります。

■ イベント（セミナー/個別相談）申込ページ

　セミナーや個別相談に申込ができるページで、オンライン・オフライン両方の企画に活用できます。さらにUTAGEの場合、リマインドメッセージ配信機能もあるため、申込者に対して開催前までにリマインドを配信することで着席率を上げる施策もできます。

■ 特定商取引法の表記

　特定商取引法（特商法）は、通信販売を含む特定の取引形態を規制する法律です。オンラインコースの販売は通信販売に該当するためこの法律の対象となり表記は必須です。

■ プライバシーポリシーページ

　日本の個人情報保護法により、個人情報を取り扱う事業者は、その利用目的や取扱い方法を明確にする義務があり、個人情報の安全管理のために講じる措置について説明することが求められています。

■ 自動ウェビナー

　ウェビナーとは、「ウェブ（Web）」と「セミナー（Seminar)」を組み合わせた造語です。インターネットを通じて行われるオンラインセミナーや講演会のことを指し、UTAGEではウェビナー申込ページから開催ページまでを簡単に作成することができます。

■ アンケートページ

　入会審査アンケート・個別面談前のアンケート・受講アンケートなどのページを作成し、メールやLINEと連携させて顧客管理や顧客情報別にメッセージ配信ができます。

こういったさまざまなファネルページを組み合わせてオンラインコンテンツ販売用のセールスファネルを構築していきます。

　例えば、私がやっているセールスファネルはこちらです。

オプトインLP
↓
プロモーション用動画視聴ページ
↓
個別相談申込ページ（イベントページ）
↓
バックエンド商品販売ページ

　このセールスファネルで単月1000万円ほどの売上になりましたし、このセールスファネルは私の受講生の方も多く使っていて、売上アップしたとの報告を多数いただいています。

　またコンテンツ販売上級者でうまくいっているセールスファネルはこの流れです。

オプトインLP
↓
オートウェビナー案内動画＆申込ページ
↓
オートウェビナー視聴ページ
↓
審査フォーム
↓
バックエンド商品販売ページ

このファネルでも単月800〜1000万円ほどの売上が自動で作られています。

テンプレート利用で即ファネルが構築できる

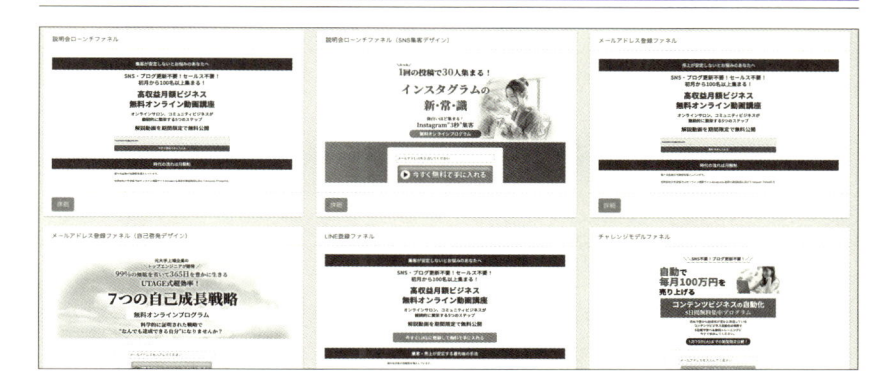

　UTAGEには1クリックで導入できるさまざまなファネルテンプレートが用意されています。ファネルテンプレートには目的に沿った複数のページがまとまって1セットになっています。

　これらを活用すれば、リスト獲得やセールス、集客に役立つイベントの開催などがすぐできるので、目的に合ったものをぜひ活用してみてください。

例　説明会ローンチファネル

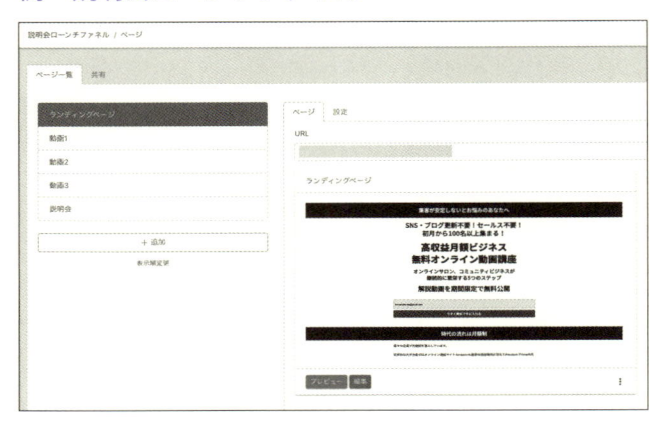

　オンラインコース販売に向けた説明会を開催する場合には、上記のファネルテンプレートを導入し、テキストや画像を変更するだけで即活用できます。

　こういったファネルを自分で用意するだけで数ヶ月かかってしまう方が多いかと思いますが、それだと売るタイミングを逃してしまい成果を最大化しにくいのが難点でした。UTAGEを導入することで「早くファネルを構築して、早くローンチする！」が可能となったのです。

2 メール・LINE機能

オンラインコンテンツを販売する上で、絶対欠かせないのがオプトイン後・購入後のメールやLINEの配信。その目的と有効的な活用方法をご紹介します。

UTAGEにおけるメール・LINE活用法とその特徴

メールマガジンを配信するにはメルマガ配信スタンドを使って、LINEを配信するにはLINE拡張ツールを使ってと、それぞれにコストもかかるし使い方がバラバラだから管理が大変！　ですよね。ですが、UTAGEだと、メールとLINEを両方配信することができ、操作もシンプルなのですぐ使えるようになります。さらに、UTAGEでは、オールインワンツールだからこそそのメリットとして

> オプトインページからメールアドレスやLINEを登録する→自動でメッセージが配信できる

> オンラインコース購入ページで決済→自動で購入後案内メッセージが配信できる

といったようにファネル機能と連携したメッセージ配信の設定と自動化ができるため、複雑な設定やツールをまたいだ管理をしなくても、スムーズな運用ができる点があります。

また他のツールよりもUTAGEが優れている点は、複数のLINEアカウントを連携できることです。他のLINE拡張ツールの場合、1アカウント連携ごとにコストがかかるため、例えば「メインLINE」と「プレゼント配布用LINE」などとアカウントが複数ある場合には、それぞれ

にコストがかかります。UTAGEの場合は何アカウントでも連携ができるため、複数のLINEアカウントを持っている販売者にとってはコスパ良くLINEマーケティングをすることができるのです。

　また「LINEチャット」より、個別のやりとりをすることもできるため、お客さまとのコミュニケーションも取りやすいです。

配信方法「一斉送信」「ステップ配信」「リマインダ配信」

　では、具体的な配信方法について説明しましょう。まずは、メールやLINEのメッセージ配信を目的に合わせて運用を使い分けることができ、以下の3つの配信機能があります。

一斉送信：「今すぐ」もしくは「指定した日時」にメッセージを配信する際に利用します。すぐにご案内を配信したい・決まったスケジュールでキャンペーンのご案内を行うなどの場合に活用できます。

ステップ配信：登録した日を起点に「登録直後」「登録3日後の20時」などステップごとにメッセージを配信することができ、定期的な情報配信の自動化に役立ちます。

リマインダ配信：イベント参加日を起点に「参加2日前」「参加15分前」「参加1日後」といったようにリマインダメッセージを配信することができ、イベントへの参加率を高めるとともに終了後のフォローやオファーも自動化できる機能です。

> メッセージ配信活用事例：UTAGE講師まどかの活用法
> ①SNSなどを通じてオプトインしてくれたユーザーに対してステップ配信を活用して、7日ほど情報提供やセミナーのご案内を配信。

↓

②セミナー申込者に対して、参加当日までに見ておくと理解が深まる予習動画をリマインドメッセージとともに配信したり、セミナー終了後にはフォローメッセージを配信。

　↓

③定期的にインスタライブ等を行う場合には、一斉送信を利用して、ライブスケジュールのご案内を配信。

　ステップ配信とリマインダ配信は最初に作り込んでおくと、その後の運用は自動化できるためオペレーションコストや手間を省くことができるので、詳しい設定方法はCHAPTER-5をご覧ください。

アカウントとシナリオとは

　UTAGEでは、複数のメールアドレスやLINE公式アカウントを登録・連携させることができます。しかし、1つの「UTAGEメール/LINE配信アカウント」に紐付けられる「LINE公式アカウント」は1つだけです。1つの「LINE公式アカウント」を複数の「UTAGEメール/LINE配信アカウント」で同時に使用することはできません。

　基本的な運用としては、メール・LINE配信アカウントは1種類とし、その配信アカウント内に複数シナリオを作成して運用する方法を推奨します。アカウントをまたいだシナリオ遷移や顧客セグメントを把握するためのラベル共有ができないからです。オペレーションをスムーズにするためにも同一アカウントで運用しましょう。

顧客セグメント（ラベル機能）

　顧客セグメントとは、顧客や見込み客を共通の特徴や属性に基づい

て分類するマーケティング手法です。UTAGEの場合、登録経路分析やラベル機能を使って顧客セグメントを簡単に分けることができます。

一般的な顧客セグメント例

登録経路	属性	申込状況
YouTube・Instagram・Facebookなどの経路からオプトインしたか	居住地域・年代・悩み・関心ごとなど	○○セミナー申込者・○○コース購入者など

　こういった顧客セグメント別に"ラベル"を付与すると、読者をグループごとに分けることができるため、セグメントに合わせた情報配信やサービスの提供に役立ちます。例えば、オンラインコース購入者ラベルがついている読者に対しては、購入後のフォローメッセージやアップセルのご提案が配信できたり、無料セミナーに参加したけど、まだ購入していない興味関心度が強い見込み客に対して、お試しキャンペーンのオファーを配信するといった利用方法があります。

　また、顧客セグメントごとにラベルを付与しておくと、読者一覧の絞り込み検索時にも利用できます。

　この手法によりターゲットを絞ったマーケティング戦略を立てることができ、効果的な運用の先に顧客満足度を向上させ、最終的には売上や利益の増加に繋がります。

2 イベント機能

個別相談やセミナーの開催や管理にまつわる必要な作業を自動化してくれるのがUTAGEのイベント機能です。手間を減らして売上アップが期待できます。

イベント機能を活用して売上アップを図る

　UTAGE のイベント機能とは、商品の販売に向けてセミナー・説明会・個別相談などのイベント開催のために必要な申込ページ・予約管理・リマインド配信などの設定ができるものです。

　オンラインコース販売を行う場合、まず初めに顧客が最初に出会う低価格または無料の商品やサービス「フロントエンド」を提供するセールスファネルを構築するのが一般的です。セミナー・説明会・個別相談を通してお客様に価値提供を行った先に、「バックエンド」のセールスを行い売上アップに繋げていきます。

　このフロントエンドのセミナー・説明会・個別相談をスムーズに開催するための便利な機能がUTAGEにはたくさんあるのです。

　セミナー・説明会・個別相談に参加していただくと良い見込み客が集まり、そこで効果的にアプローチができ、良い方が受講生として集まってくれることに繋がります。良い商品を良いお客様にお届けする上でも、セミナー・説明会・個別相談といったイベントを有効的に活用しましょう。

　詳しい操作方法はCHAPTER-5をご覧ください。

ZoomやGoogleカレンダーとの連携で予約管理がスムーズにできる

　UTAGE には、Zoom や Google カレンダーと連携できる機能があり

CHAPTER-2　押さえておきたいUTAGEの基礎知識

ます。これは個別相談を行う際に非常に便利で、申込ごとにZoomリンクの発行・メールでのお知らせ・カレンダーにスケジュールを入れるまでが自動で行えるので、オンラインコース販売者にとっては、まさに神機能と言えます！

　さらにGoogleカレンダーと連携することで複数のカレンダーから空き時間を自動抽出できたり、複数の担当者を設け担当者ごとの予約が可能です。お客様への連絡やZoomリンクの発行、自分自身のスケジュール管理もスマートにできるようになるのでぜひ活用しましょう。

自動リマインダ機能

　UTAGEではセミナーや個別相談等イベントに申し込んだお客様に対してリマインダ配信機能があります。メールの場合だと、デフォルトで以下のようなタイミングでリマインドメッセージを配信する機能が備わっているため、非常に便利です。

　参加日までリマインダー配信をすることで、参加スケジュールのご案内以外にも、熱意ややる気を高めるメッセージを盛り込むことで着席率をあげ、セールス時の成約がアップした受講生もたくさんいるのでぜひ活用してみてください。
※LINEでのリマインダ配信はデフォルト設定ではないため、別途設定が必要になります。詳しくはCHAPTER-6 SECTION01をご覧ください。

会員サイト機能

SECTION 04

オンラインコンテンツを販売後、お客様にコンテンツを
自動提供するための情報が格納された会員サイトがあれ
ば完全自動販売が構築できます。

会員サイト機能とは

　UTAGEには受講生などに向けた会員専用のサイトを作成・管理でき
る便利な機能がたくさんあります。しかも「UTAGEで作った会員サイ
トは見やすいし操作しやすい」と受講生から評判になるほど、見た目
がすっきりシンプルで感覚的に操作しやすいのも特徴です。

会員サイトの実際の画像

　さらにUTAGEの機能を活用すると、会員サイトを使ったオンライン
コース運営をスマートに行える利点が多数あります。

・コース開放日を設定できる

「登録から○日後にコースを開放する」といったように、段階的にコンテンツを開放し、無理なく受講できる環境を整えます。

・コース締め切り日（終了日）の設定ができる

「登録から○日経過後に終了する」という、受講期間が決まっているオンラインコースの場合、最初に終了日の設定をしておくと自動で閲覧できなくなる設定ができます。

・コース追加が簡単にできる

後からコースを追加していける機能があるため受講生へのフォローアップに役立ちます。

・未購入者へのオファーができる

会員サイト利用者で特定商品をまだ購入していない方に向けたオファーができ、販売サイトのようにも活用できます。

・コメント設定を追加できる

レッスン上にコメントを入力することができる機能があり、受講生へのフォローUPや情報交換などに役立ちます。

このようにUTAGEの会員サイトは多機能で、受講生の学びをサポートするだけでなく、オンラインコンテンツの販売サイトとしても活用できるのです。

バンドルコース機能とは

バンドルとは「束ねる」という意味があり、UTAGEにおけるバンドルコース設定とは、初級コース・中級コースなど単体コースを作成し、

バンドルコース（単体コースを組み合わせたもの）を作成する機能のことを指します。

　バンドルコース設定によって、初級コース・中級コースごとに会員サイトを1から作る手間や、購入された受講生に対して手動でコースを配布する手間もなくなります。バンドルコースを設定しておくことによって、お申込みと同時にコースを開放する設定が可能となります。

　詳しい操作方法についてはCHAPTER-4をご覧ください。

受講生管理

　UTAGEの会員サイト機能では受講生の管理、また受講の進捗や状況の確認ができる機能が備わっています。

管理者側が把握できる情報

ステータス	利用可・利用不可などの状況が把握できる
最終操作日	会員サイトにログインして操作した最後の日時がわかる
追加日	会員サイトに追加した日時がわかる
受講状況	受講の進捗状況が％で把握できる
操作履歴	どのページにいつアクセスしたかがわかる

受講生側から見た受講状況

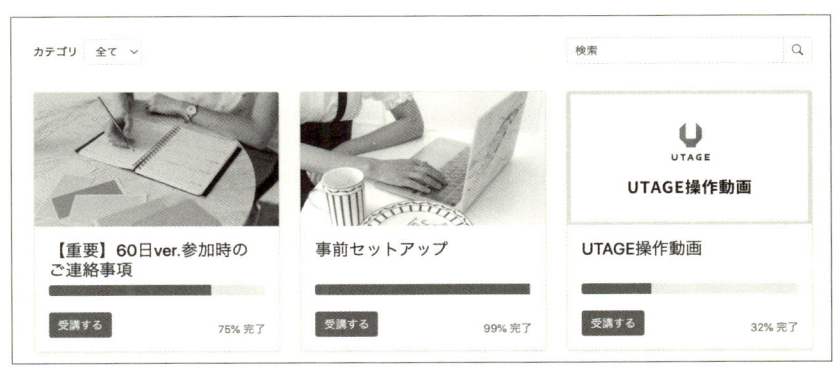

パートナー機能

商品紹介や、メール・LINE購読者を増やす協力を行なってくれる代理店・アフィリエイターのことをUTAGE上では「パートナー」といい、管理や設定ができます。

パートナー機能とは

　UTAGEパートナー機能は、UTAGEスタンダードプランで利用できる機能となり、パートナー（アフィリエイター）になってくれる方には、事前にパートナー登録してもらう必要があります。

　パートナーの紹介によって、自社集客以外の客層にもサービスを認知してもらえるきっかけができ、あなたのオンラインコースをより広くアプローチすることが可能になります。

パートナー機能の活用例

　UTAGEのパートナー機能を使うことで、手間がかかりやすいアフィリエイトの管理を以下のように自動化することができます。

・案件の設定/管理がスマートに行える

　パートナーに紹介してもらう商品やメール・LINE購読、成約報酬が設定ができます。案件の成約承認を「自動/手動」より選択でき、パートナーサイト内の「案件一覧」に「公開する/しない」の設定も可能です。

・パートナーのグループごとに報酬条件を設定

　グループやランクごとに報酬の条件を設定することができ、アフィリエイトしやすい条件を提示しやすくなります。

・パートナーの成約状況の確認、報酬管理ができる

　報酬データはCSVデータに起こすこともできます。

・パートナーの成約数ランキングの確認ができる

　指定した年月の集計をはじめ、案件別、ステータス別の集計表示もできます。

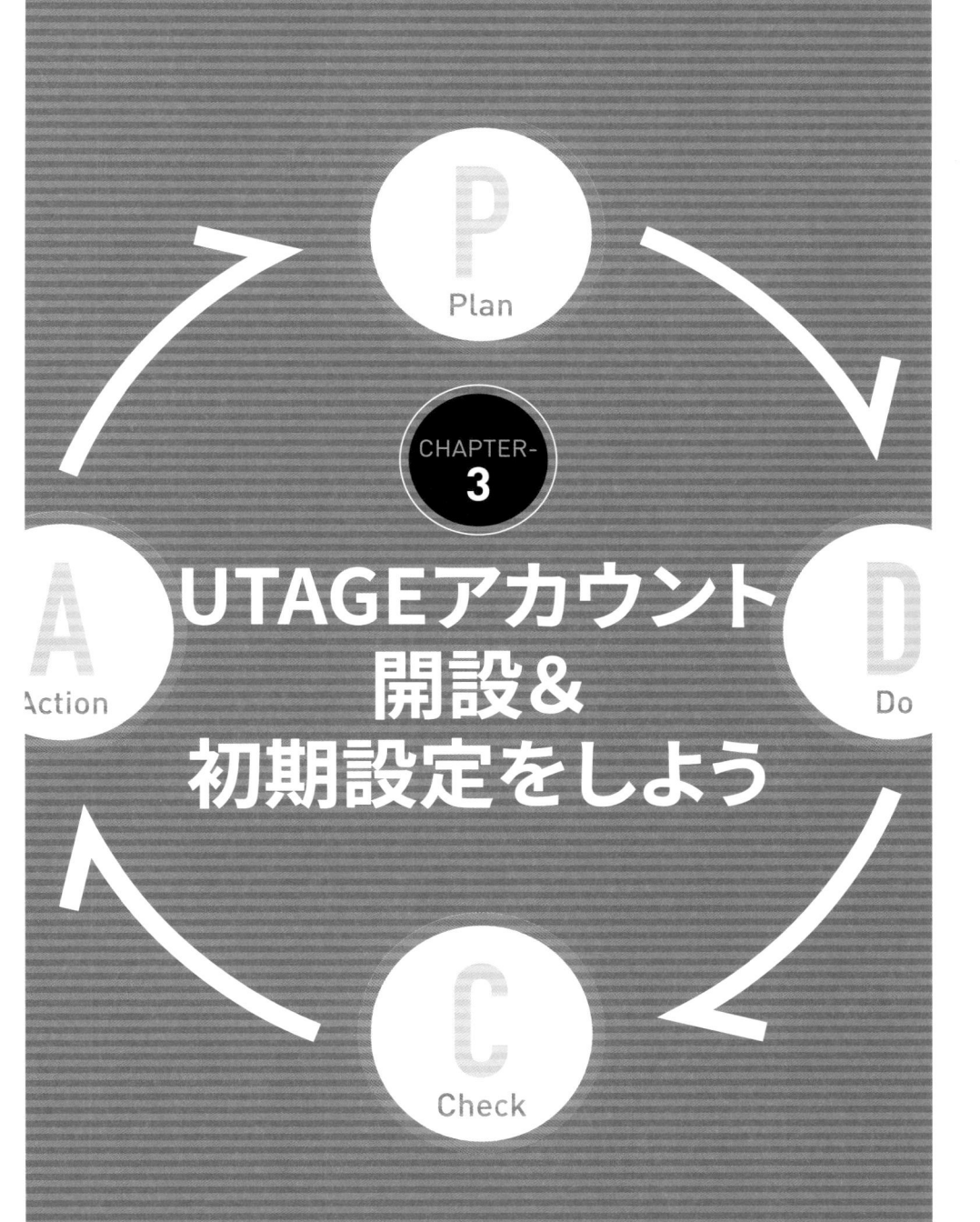

P Plan

CHAPTER-3

UTAGEアカウント
開設&
初期設定をしよう

Do

Check

Action

UTAGEアカウント契約

3

01

オンラインコンテンツをUTAGEで自動で販売していくためにUTAGEのプラン内容を知り内容を把握してから契約をしましょう！

UTAGEのプランについて

　UTAGEは14日間の無料お試し期間を経過すると、スタンダードプラン月額19,700円（税込21,670円）に切り替わります。ほとんどの機能が無制限で利用できるのがお分かりいただけると思います。他のシステムではあまり見かけないプランではないでしょうか。

	スタンダードプラン
ファネル作成数	無制限
ページ作成数	無制限
商品数	無制限
配信アカウント	無制限
登録読者数	無制限
シナリオ数	無制限
連携LINEアカウント	無制限
会員サイト作成数	無制限
会員サイトコース数	無制限
会員サイトレッスン数	無制限
パートナー（アフィリエイト）	利用可
独自ドメイン	無制限
オペレーター	5ユーザーまで
メディア管理	1000GBまで

「月額19,700円（税込21,670円）」もコストがかかるのか……と思われた方もいるかもしれないですね。（私も過去そう思ったことがあります）ですが、UTAGEを使えば使うほど「これは安い！」と断言できますし、UTAGEがあることで売上も右肩上がりでどんどん上がっており、逆にUTAGEがなかったら「この売上はなかったのか……」と思うとゾッとするぐらいです。

なぜ、安いと断言できるのか？　UTAGEに備わっている機能を叶えるためには、バラバラのツールを契約したり専門のデザイナーに発注するなど、軽く数十倍はコストがかかるからです。私はこれまでとてもセンスが良いデザイナーさんにランディングページの発注をしていましたが、1枚30万円かかっていました。オンラインコンテンツを販売する上では、いくつかのランディングページが必要になるので、それだけで100万円近くかかります。また、メール配信サービスの利用料、LINE配信サービスの利用料、会員サイトサービス利用料の各3万円ほどが「毎月」かかってきます。

UTAGEではウェブデザイナーが作成したようなデザインされたページを、自分ですぐに作成することができ、修正したい時もコストをかけて外注しなくても自分でパッとすぐ修正やブラッシュアップができます。またメール配信・LINE配信・会員サイトの提供まですべてを行うことができるのです。これらのことから、私の周りのオンラインコンテンツ販売者は「UTAGEのサービス利用料は安すぎる」とみなさん口を揃えて話されています。

さらにUTAGEが良心的なのは、14日間も無料で使えるお試し期間があることです。

UTAGEを14日間無料ではじめる

「UTAGEがどんな感じが試す前にいきなり契約するのは少し不安……」と思われる方もいると思いますので、本書でもUTAGEを14日間無料で試せるプランをご紹介します。

　このタイミングで申込、本書と一緒にUTAGE構築を進めてみてください！

スタンダードプラン申込リンク
https://utage-system.com/p/LYmND3mC1QjP/tMlm5xVv2pOZ

UTAGE契約の流れ

　14日間無料でUTAGEをはじめる流れはたった2分程度で完了します。

　上記QRコード、もしくはURLからアクセス先ページにて「今すぐ14日間無料でUTAGEを試す」をクリック。

> ▶ 今すぐ14日間無料でUTAGEを試す

　必要事項への入力と利用規約を読み、利用規約・プライバシーポリシーに同意しますにチェックを入れ、注文を確定する。
　注文を確定後、登録メールに届いたログイン情報を確認する。
　UTAGEにログインできましたか？
　では続いて、独自ドメイン設定に進みましょう。

3

独自ドメイン

UTAGEを使ってオンラインコンテンツ販売を行う上で必要な独自ドメイン。まだお持ちではない方は作成と設定を行いましょう。

独自ドメイン開設

UTAGEで独自ドメインを利用するためには他社サービスにて「XXX.com」等の独自ドメインを取得する必要があります。

ドメイン取得の代表的なサービスとしては、

- **お名前.com**
- **エックスサーバードメイン**
- **さくらドメイン**
- **ムームードメイン**

等がありますが、注意事項があります。

それは契約する「ドメイン取得サービス」と「レンタルサーバー」の組み合わせによってはUTAGEで利用できないケースがあるということです。

UTAGEのマニュアルで必ず事前にこちらをご確認ください。

https://help.utage-system.com/archives/13306

上記の注意事項及び組み合わせ表を確認した上で以下のの5つのステップで契約・追加作業を行いましょう。

- ● **Step1：独自ドメイン契約（XXX.com等）**
- ● **Step2：レンタルサーバー契約**
- ● **Step3：独自ドメインのネームサーバー設定**
- ● **Step4：UTAGEに独自ドメインを登録**
- ● **Step5：DNSレコード情報の追加**

　また詳しい操作手順につきましては、Step1~ Step3はご契約の ドメイン取得サービスやレンタルサーバー会社、Step4~ Step5はUTAGE マニュアルの「独自ドメイン設定方法」をご参照ください。

独自ドメイン設定後の利用方法

　UTAGE で独自ドメインを利用するには、DNSレコード情報を追加後、ステータスが「利用可能」になるまで待つ必要があります。DNSレコードの浸透には最大72時間かかる場合があるのでご注意ください。

　独自ドメインが利用可能になったら、利用したい該当ドメインの「ログインページ」からログインするか、URLのドメイン部分を書き換えることでアクセスできます。ここでは、「利用したい独自ドメインのログインページ」からのログイン方法を説明します。

01 画面右上のUTAGEアカウント名をクリックし、メニューから［独自ドメイン管理］を選択します。

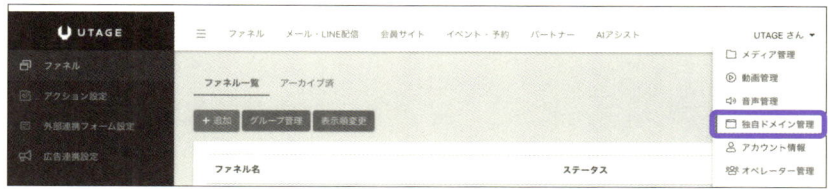

02 利用したい独自ドメインの右端の［：］をクリックし、メニューから［ログインページ］を選択します。
※ここでは「sub.m-beauty.site」のログインページを選びます。

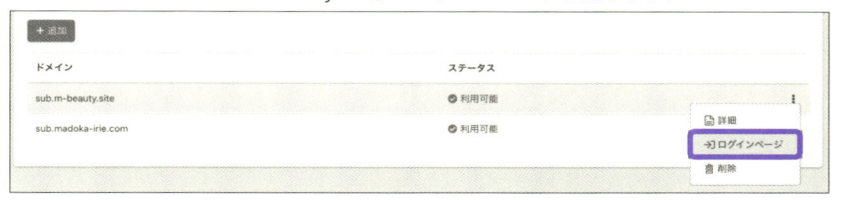

03

URLがサブドメインのログインページが開きましたら、ログインします。
※通常UTAGEにログインされる際と、同じログイン情報でログインができます。

04 ログインしますとドメイン部分が選択した独自ドメインに変換されたページとなり、これまで通りに利用できます。

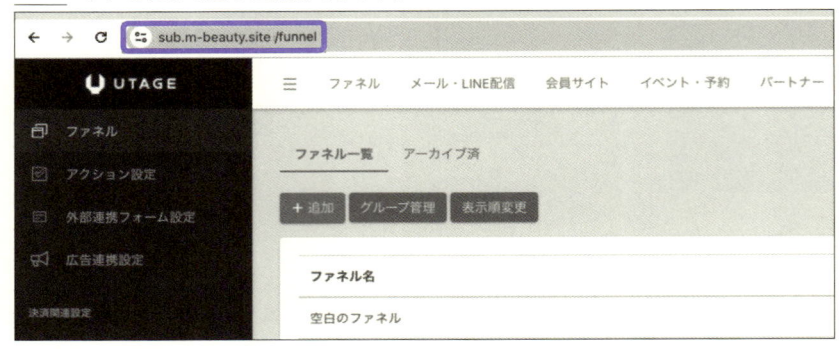

ドメイントップに表示するページの設定方法

　こちらの設定をするとドメイントップのページを開いた際に、指定したURLのページを自動的に開くことができます。トップページにしたいページのURLをコピーしたら以下の手順で進めて下さい。

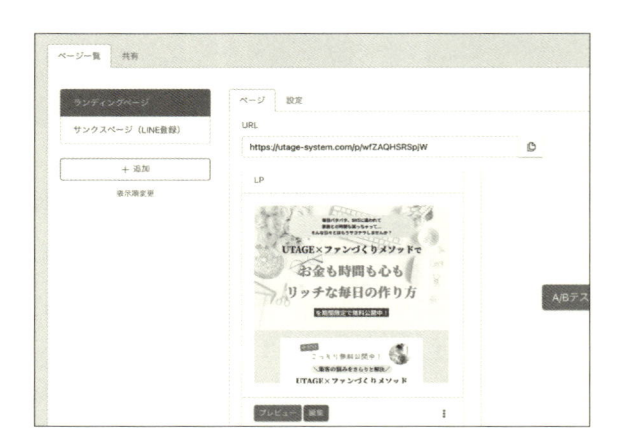

01 トップページ設定をする独自ドメインをクリックします。

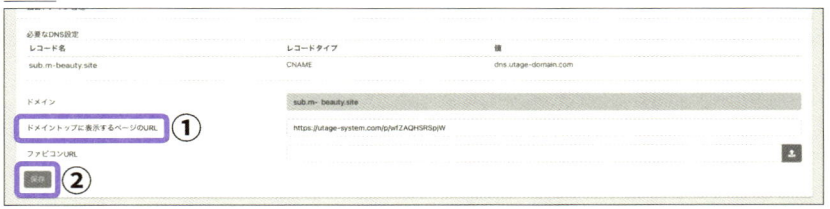

02 設定ページが開きましたら「ドメイントップに表示するページのURL」に最初に
コピーしておいたURLを貼り付けて［保存］をクリックします。

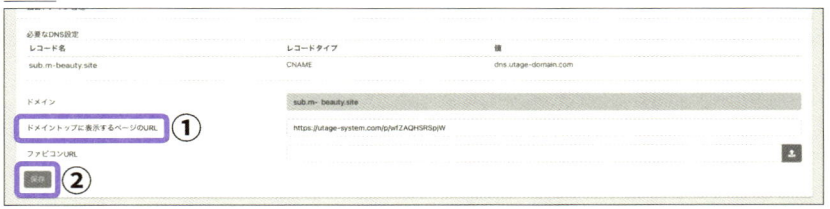

03 「更新しました」とメッセージが表示されましたら、設定完了となります。

04

ドメインを入力してペ
ージを開くと、設定し
たURL先に移動するよ
うになります。

3

メール設定

SECTION
03

UTAGEを使ってメール配信を行う上で必要な設定と便利な機能があります。安全に運用するために必ずこの設定を行いましょう。

独自ドメインでメールアドレスを作成する

UTAGEのメール配信機能を使う上で、独自ドメインのメールアドレスが必要不可欠です。

UTAGE以外で以下の2つのサービス契約（ドメイン取得、レンタルサーバー契約）が別途必要となり、メールアドレスの発行はレンタルサーバー系サービスにて行います。

※契約されるサービスにおいて使用方法をご確認ください。

※独自ドメインのメールアドレスをUTAGEで利用する場合、注意事項として契約する「ドメイン取得サービス」と「レンタルサーバー」の組み合わせによってはUTAGEで 利用できないケースがあります。組み合わせの最新情報につきましては、UTAGEのマニュアルで必ず事前にご確認ください。

■ 独自ドメインメールアドレス作成の流れ

- **Step1：ドメイン取得（.com/.net/.jp等）**
  お名前.com・エックスサーバードメイン・さくらのドメイン・ムームードメイン・バリュードメイン等
- **Step2：レンタルサーバー契約**
  エックスサーバー・さくらのレンタルサーバー・ConoHa WING・お名前メール・お名前.com レンタルサーバー
- **Step3：独自ドメイン取得とレンタルサーバー紐付け作業**

- Step4：レンタルサーバーで独自ドメインのメールアドレス発行
- Step5：発行したメールアドレスをUTAGEの送信者メールアドレスに指定する

■ UTAGEの送信者メールアドレスに指定する方法

レンタルサーバーサービス側でメールアドレスの発行が完了し、レンタルサーバーサービス側で用意されたWEBメール等でメールの送受信ができるようになったら、UTAGEのメール配信時の【送信者メールアドレス】欄に入力してご利用頂けます。

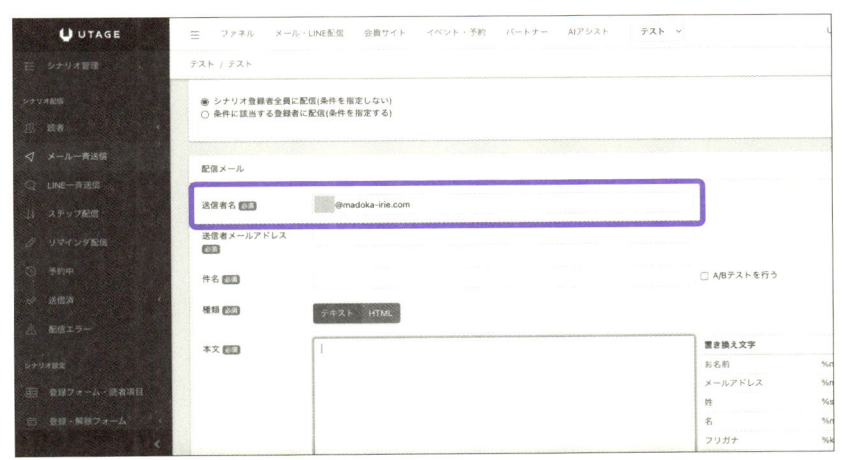

DKIM/DMARC設定

メールが迷惑メールに振り分けられないために必須な設定です！

迷惑メールに振り分けられないようにメール配信を行うためには、独自ドメインでのメール配信ともう1つ、DKIM/DMARC設定が必要です。

DKIMとは、電子メールの送信者が本当にそのドメインの権限者であることを証明するための電子メール認証技術です。送信者ドメインの

デジタル署名をメールヘッダーに追加することで、メールが改ざんされていないことや、送信者が正当なものであることを証明します。

　メールマーケティングにおいて、メールの正当性を証明するために重要な技術で、UTAGEから独自ドメインで発行したメールアドレスを利用してメール配信を行う場合は必ず設定するようにしてください。

　本書では、利用者が多いエックスサーバーでの設定方法を記載します。

＜エックスサーバーでの設定方法＞

Step1：UTAGE側でDKIM認証のドメイン追加

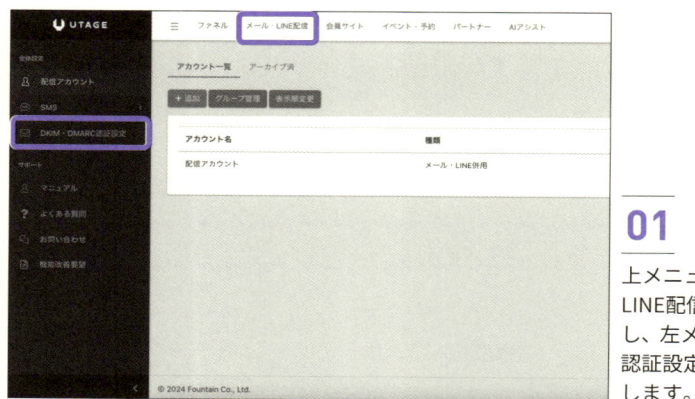

01
上メニュー［メール・LINE配信］をクリックし、左メニュー［DKIM認証設定］をクリックします。

02　［追加］ボタンを押して、送信元メールアドレスのドメインを入力します。

03　注意事項を必ずご確認の上、［保存］ボタンを押します。

※「送信元メールアドレスのドメイン」には、ドメイン名（example.com）のみをご登録ください。「info@example.com」のようなメールアドレス形式では登録できません。

※サブドメイン形式ドメイン名の登録は非推奨です。（ルートドメインをご利用ください。）

DKIM認証設定		
必要なDNS設定		
レコード名	レコードタイプ	値
gnq7hapw._domainkey.madoka-irie.com	CNAME	gnq7hapw.utage-dkim.com

DMARC認証設定		
推奨のDNS設定		
レコード名	レコードタイプ	値
_dmarc.madoka-irie.com	TXT	v=DMARC1; p=none;

DMARCのDNSレコードは1レコードしか登録ができません。既に設定済みの場合は変更不要です。

04

システムで発行された
DNS設定内容が表示さ
れます。

Step2：DNSレコードの追加（エックスサーバー管理画面の操作）

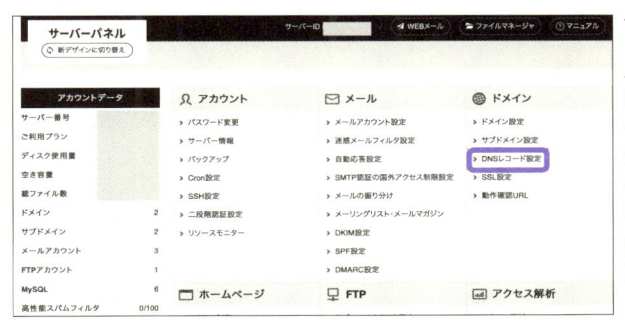

01

エックスサーバーにロ
グイン＞「サーバーパ
ネル」にて［DNSレコ
ード設定］を開きま
す。「ドメイン選択画
面」が表示されたら
DKIM認証を行いたい
ドメインを選択します。

※エックサーバー関連サービスではドメイン設定ができる箇所が複数
あります。「Xserverドメイン」と「Xserverレンタルサーバー＞ド
メイン設定」は異なります。ネームサーバーとして指定しているDNS
サーバーにて設定が必要です。（ユーザーのご利用状況によって異な
りますので、不明な場合はドメインサービス側へお問い合わせくだ
さい。）

02 「DNSレコード設定」画面になったら［DNSレコード追加］をクリックします。

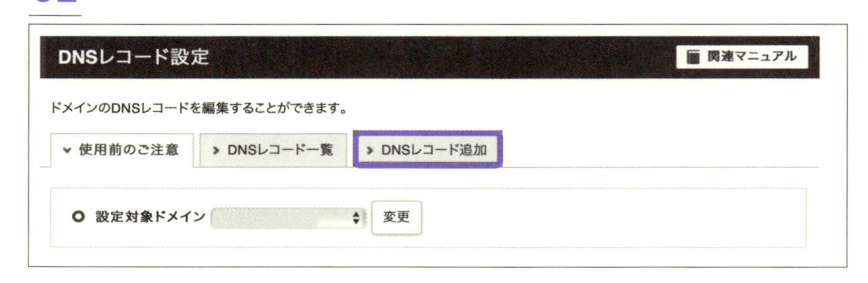

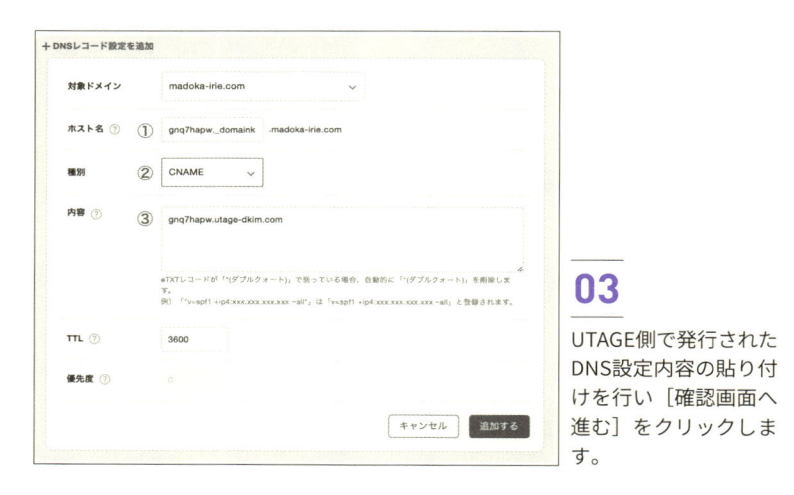

03

UTAGE側で発行された
DNS設定内容の貼り付
けを行い［確認画面へ
進む］をクリックしま
す。

※上記は設定例となりますのでそのまま入力しないでください。必ず
　ご自身のUTAGEアカウントで「レコード名」「値」をご確認の上、
　ご入力ください。

①ホスト名：レコード名を入力します。

58

※独自ドメイン部分「.xxx.com」等は欄外に表示されていますので入力する必要はございません。

② 種別：「CNAME」に設定してください。

③ 内容：システムで発行された値を貼り付けます。

04 設定内容の確認画面になりますので、内容を確認の上、［設定を追加する］をクリックします。

05 追加完了のメッセージが表示されましたら、設定完了となります。

Step3：DMARC認証設定（エックスサーバー管理画面の操作）

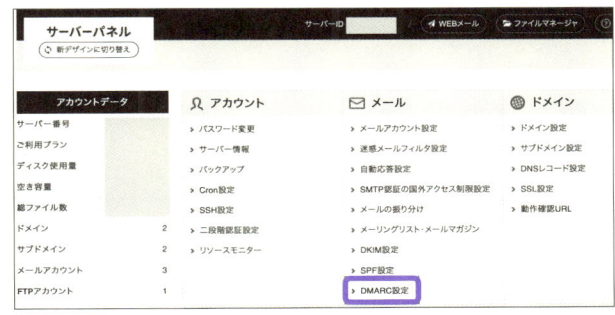

01

「エックスサーバー」サーバーパネルへログインし、DMARC設定を選択します。

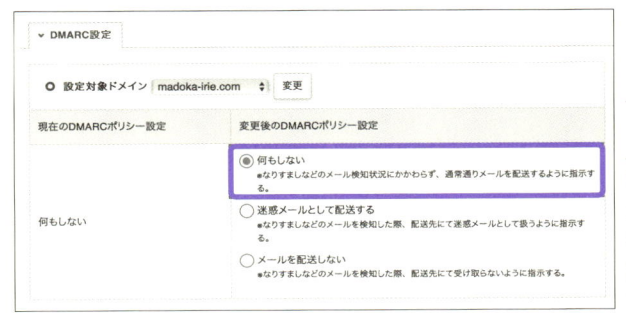

02

「変更後のDMARCポリシー設定」で「何もしない」を選択して、「設定する」ボタンをクリックします。

03 「DMARC認証を変更しました」が表示されたら設定完了です。

Step4：DKIM/DMARC認証の確認方法（Gmailアドレス宛にテスト配信）

※レンタルサーバー側へのDNSレコード追加のデータ反映に数時間〜48時間程度かかる場合がありますので、ある程度時間をおいてから以下の確認をお試しください。

※動作確認時は、必ずUTAGE経由のシナリオ（ステップ等）配信でGmailアドレス（xxx@gmail.com）宛に送信し、Gmailのメールボックスから確認してください。

※メール転送ではUTAGEからの配信で正常に動作確認を行えません。

テスト方法

①UTAGEメール配信アカウントを作成する

【アカウント作成】

01 メニューの［メール・LINE配信］をクリックし「追加」ボタンをクリック

02 種類の選択とアカウント名を記入

・メールのみ配信する場合には「メールのみ」

・LINEのみ配信する場合には「LINEのみ」

・メール、LINE両方配信する場合には「メール・LINE併用」を選択します。

※アカウント名は、1年後の自分が見ても何のアカウントかわかるアカウント名をつけましょう。

※UTAGEメール配信アカウント・シナリオ設計はCHAPTER-5のSECTION 05をご覧ください。

②上メニューメール・LINE配信＞アカウント選択＞［追加］ボタンからテスト配信用シナリオを作成してください。

③UTAGE＞［メール・LINE配信］＞アカウント選択＞シナリオ選択＞［ステップ配信］＞［メール追加］ボタンから、登録直後用の自動返信メールを作成してください。

※「送信者メールアドレス」には、DKIM/DMARC認証設定を行ったド
　メインのメールアドレスを入力してください。

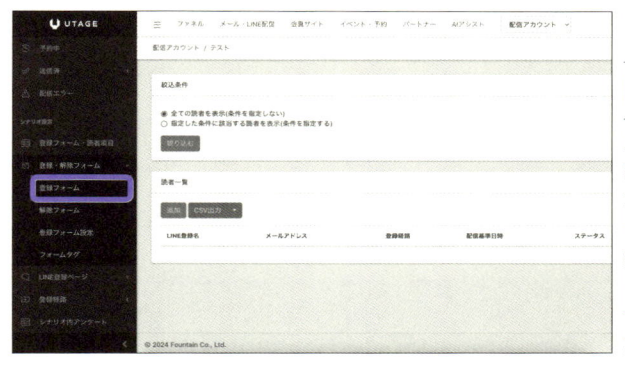

03

メール・LINE配信 > ア
カウント選択 > シナリ
オ選択 > 登録・解除フ
ォーム > 登録フォーム
から、Gmailアドレス
（XXX@gmail.com）で
テスト登録を行ってく
ださい。

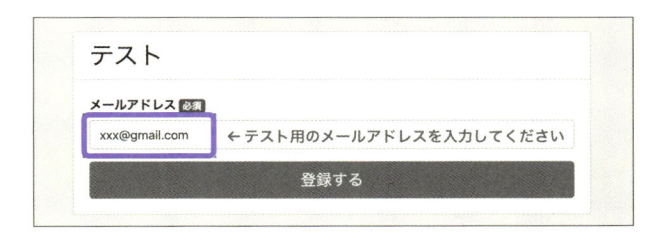

04 Gmailのメールボックスをパソコンから確認し、テスト配信したメールの［ ⋮ ］ボ
タンをクリック（スマートフォンのGmailアプリからでは確認することができませ
ん）。

05 「メッセージのソースを表示」をクリック

06 「DKIM」「DMARC」の項目すべてが「PASS」表示となっていることを確認してください。

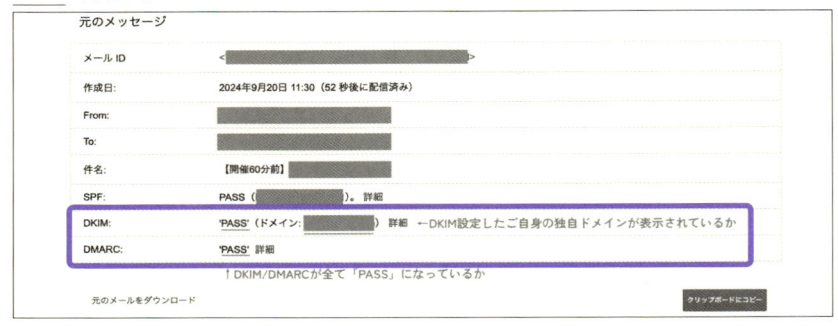

動作確認時にSPF/DMARCがPASS表示されない場合

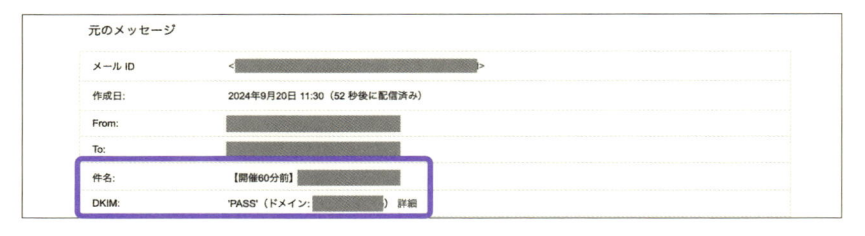

　一部のGmailアドレスで、SPF/DMARC設定がPASSでも、画面にPASS表示されない現象が出ることがあります。もしそうなったら、別のGmailアドレスでテストメールを送ってみてください。

　それでも特定のGmailアドレスで同じ現象が続く場合は、「元のメッセージ」内のメールヘッダーにspf=passとdmarc=passが両方記載されているか確認してみてください。

　記載があればUTAGE側の設定はOKです！（表示されないのはGmail側の仕様変更の可能性があります。）

```
ARC-Authentication-Results: i=1;
        dkim=pass header.i=@
        dkim=pass header.i=@
        spf=pass (google.com: do
smtp.mailfrom=
        dmarc=pass (p=NONE sp=NO
Return-Path: <
Received: from
        by mx.google.com with ES
        for <
        (version=TLS1_2 cipher=E
        Thu, 19 Sep 2024 19:30:5
Received-SPF: pass (google.com:
Authentication-Results: mx.googl
        dkim=pass header.i=
        dkim=pass header.i=
        spf=pass (google.com: do
smtp.mailfrom=
        dmarc=pass (p=NONE sp=NO
```

シナリオ基本設定（メール設定）

　UTAGEでのメール配信アカウント新規作成が終わったら、メール配信オペレーションをスムーズにするためにシナリオ基本設定を行います。

※ここまで作成したテストアカウントとテストシナリオを使って以下の操作を確認してください。

01　テストシナリオを開いて、左メニュー［シナリオ設定］をクリックします。

・シナリオグループ

　シナリオを追加したいグループを選択します。

　まだシナリオグループがない場合には

01　上メニュー［メール・LINE配信］［アカウント一覧］より、利用するアカウントを選択。

02　［シナリオ管理］画面になりますので［グループ管理］をクリックします。

03　シナリオグループ一覧の上にある［グループ追加］をクリックします。

メール・chatwork・Slack通知

　メールやチャットでシナリオ登録の通知を受け取れるように設定しておくと顧客情報の管理に役立ちます。ぜひ活用してみましょう。

■ メール通知設定

通知先メールアドレス：通知を受け取りたいメールアドレスを入力しましょう。複数登録する場合はカンマ区切りで入力できます。ここではGmailやYahooメールも使えます。

通知内容：【デフォルト】または【カスタム】から選べます。デフォルトの内容を変更したい場合は【カスタム】を選んで、好きな内容に変更してください。

■ チャット通知設定

通知先：ChatworkまたはSlackを選んで設定できます。

通知内容：こちらも【デフォルト】または【カスタム】から選択可能です。デフォルトの内容を変更したい場合は【カスタム】を選んで、自由にカスタマイズしましょう！

3

LINE設定

UTAGEとLINE公式アカウントを使ってLINEメッセージ配信や顧客管理をする上で必要な設定を行いましょう。

LINE公式アカウントとは？

UTAGEでLINE配信をするには、LINE公式アカウントが必要です。LINE公式アカウントと連携することでLINE配信機能が利用できます。個人アカウントは連携できないためご注意ください。

> **注意事項（必ずお読みください）**
>
> UTAGE機能を介して利用するLINE公式アカウントの運用についてはLINEヤフー株式会社が定めた各種規約・ガイドライン・ポリシー等に順じます。
>
> 利用の際にはLINEヤフー株式会社が定めた「禁止行為」に該当するような運用方法をしないよう必ず最新情報を確認してください。
>
> LINE公式アカウント 利用規約
> https://terms2.line.me/official_account_terms_jp?lang=ja
>
> LINE公式アカウントガイドライン
> https://terms2.line.me/official_account_guideline_jp
>
> 規約・ポリシー（LINEサービス）
> https://www.lycbiz.com/jp/terms-and-policies/line/

LINE公式アカウント作成

01 LINE公式アカウント作成ページにアクセスします（今回はPCとスマートフォンを利用します。リンクはPCで開きます）。
https://entry.line.biz/start/jp/

02 アカウント登録方法を選択します。
ここでは［LINEアカウント］で登録します。［LINEアカウントで登録］を選択してください。

03 LINEアカウントログイン方法を選択します。
※ここでは［QRコードログイン］を選択します。

04 表示されるQRコードをLINEアプリ内のQRコードリーダーにて読み取り、［ログイン］をタップします。

05 PC上、本人確認画面で表示された4桁の数字をスマートフォン画面で入力し［本人確認］をタップします。

06 切り替わったPC画面先で［作成］をクリックします。

07 アカウント登録に必要な情報は以下の通りです。入力と選択が終わったら「確認」をクリックしてください。
　●アカウント情報
　アカウント名：公式アカウントで使用する名前を入力してください。
　メールアドレス：使用するメールアドレスを入力してください。
　会社/事業者名：会社名などを入力してください。
　●業種
　プルダウンから該当する大業種と小業種を選択してください。

08 入力後、利用規約を確認し［確認ボタン］を押下、その後の確認画面の内容でよろしければ［完了］をクリックして作成完了となります。

■ UTAGEとLINEを連携させる

　LINEアカウントを作成したら、UTAGEと連携させてメッセージ配信やリスト管理ができるように設定しましょう。

■ ステップ1：Messaging APIを利用する

01 LINE公式アカウントにログインし、右上にある設定（歯車マーク）をクリックします。

02 画面左に表示されている［Messaging API］をクリックします。

03 「Messaging APIを利用する」をクリックします。
※LINE公式アカウントで初めてMessaging APIを利用する場合は、LINE Developersへの登録が必要になります。表示される画面に従って、開発者情報（名前とメールアドレス）を入力し、登録を完了してください。

04 プロバイダー名を入力し「プロバイダーの選択」画面で該当のプロバイダーを作成または選択します。「同意する」をクリックして設定を完了してください。
この手順で設定したプロバイダー名は、後の手順（5-4）でも使用します。複数のプロバイダーをお持ちの場合は、どのプロバイダーを設定したか必ずメモしておいてください。

05 ［プライバシーポリシー］［利用規約］はあればURLを入力します。特にページがない場合は空白で［OK］をクリックします。

06 内容を確認の上［OK］をクリックするとMessaging APIが利用できるようになります。

07 ［Channel ID］および［Channel secret］をコピーします。

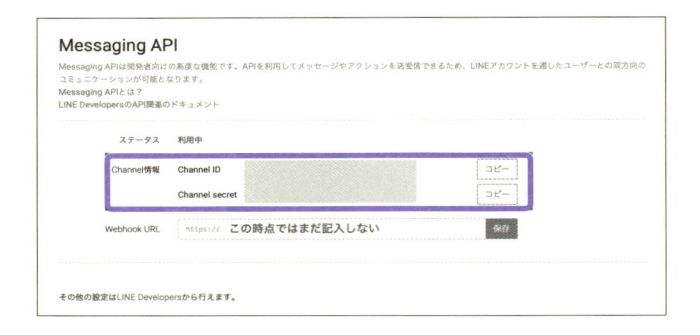

※「Webhook URL」欄が空欄となっていますが、この欄には絶対に何
　も入力しないでください（後ですべての接続設定が上手くいくと自
　動的に表示されます）

■ ステップ2：Messaging API設定の連携方法

01 UTAGEのLINE使用アカウントをクリックし開きます。※メールのみのアカウント
は使用できません。

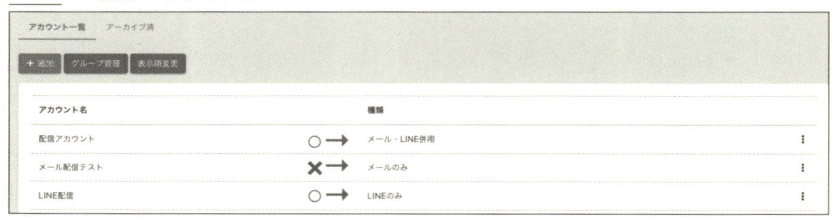

02 UTAGEの左メニュー［LINEアカウント設定］をクリックし、1-7でコピーした
［Channel ID］［Channel secret］をUTAGEに貼り付けます。

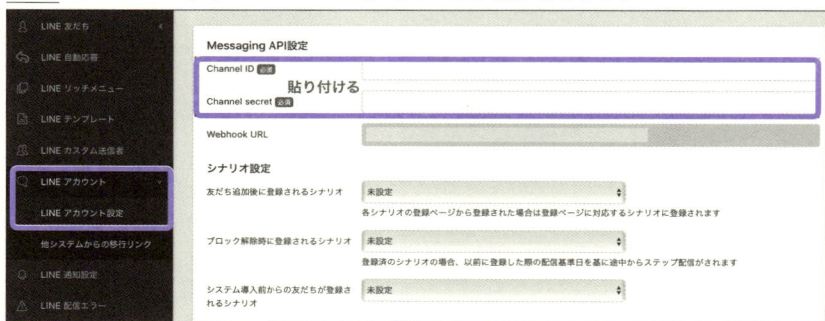

■ ステップ3：シナリオ設定

　［友だち追加後に登録されるシナリオ］［ブロック解除時に登録される
シナリオ］［システム導入前からの友だちが登録されるシナリオ］を必
要に応じて設定してください。※シナリオ設定は3カ所とも「未設定」
の状態でも次の「ステップ4：経路分析設定」に進めます。あとから
変更も可能です。

■ ステップ4：経路分析設定

　経路分析設定の認証方式を[LINE ログイン認証]に設定します。ここ
では、友だち追加経路の判定方法として「LINE ログイン認証」と「簡
易認証」を選択できます。

「LINE ログイン認証」はLINE ログインとの連携が必要ですが、最も
正確な判定が可能です。一方、「簡易認証」は連携が不要ですが、判定
精度が100%ではありません。ここでは、より精度の高い「LINE ログ
イン認証」の設定方法を解説します。

ステップ5：LINEログイン認証のチャネル設定

　LINE ログイン認証の場合は「LINE Developers」にて「LINE ログイ
ン」を新規作成する必要があります。LINE Developersから［チャネ
ルID］と［チャネルシークレット］を入手します。

※1-7で設定したMessaging APIのChannel情報とは異なりますのでご
　注意ください。

01 LINE Developersに移動
LINE公式アカウント画面より、［設定］＞［Messaging API］＞［LINE Developers］
に移動します。

02 LINE Developersの右上のアイコンからLINE Developers コンソールを開きます。

LINE アカウント情報が表示されますので［LINE Developers コンソール］をクリックしてください。

※右上にアイコンではなく、「ログイン」が表示されている方は、ログインをクリックし、LINE公式アカウントでログインされてるLINEを選んでログインしてください。

03 UTAGEに設定したいプロバイダー名を選択する。
コンソール（ホーム）画面になりましたら、画面左側にあるプロバイダー一覧より、手順1-4で作成したプロバイダー名をクリックします。
※プロバイダー名がLINE公式アカウントで作成したものと一致しないと正しく動作しませんのでご注意ください。

04 「Messaging API」表示があることを確認する。

プロバイダー名を選択すると、ステップ1で作成した「Messaging API」のチャネル設定が表示されているはずですので、下の画像のように表示されているか確認してください。

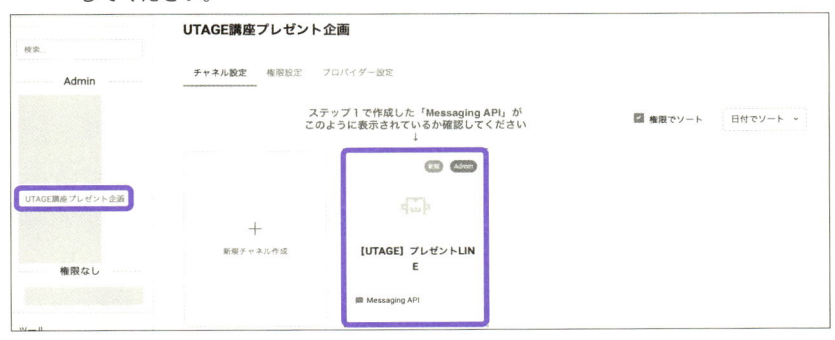

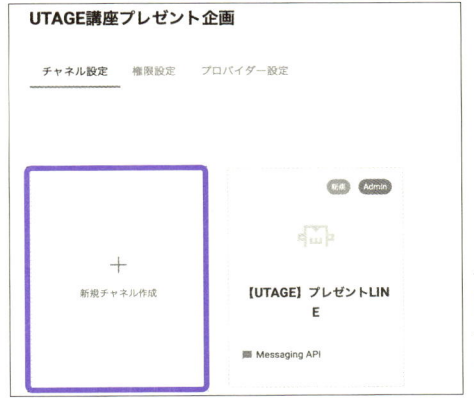

05 ［新規チャネル作成］をクリックします。

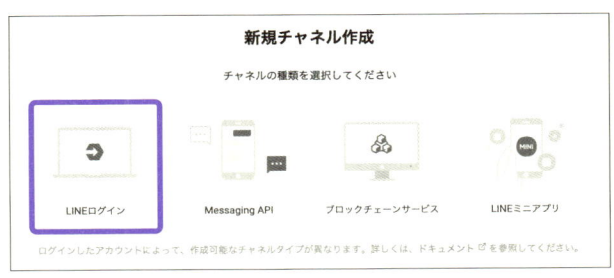

06 ここで［LINEログイン］を選択します。

新規チャネル作成

チャネルの種類	LINEログイン

プロバイダー	UTAGE講座プレゼント企画

サービスを提供する地域 ⑦　● 日本　● タイ　● 台湾　● インドネシア

会社・事業者の所在国・地域 ⑦	未設定

法人の場合は会社の所在国・地域を、個人の場合は店舗や居住地の所在国・地域を選択してください。

✕ 入力必須項目です

07

チャネルの種類を「LINEログイン」
プロバイダーを先ほど選択したプロバイダー名になっていることを確認します。

08 サービスを提供する地域を選択してください。
サービスをリリースする地域と、会社・事業者の所在国・地域を選択します。
日本の場合は、「日本」で問題ありません。

09 チャネルアイコン、チャネル名、チャネル説明を入力します。
チャネルアイコンは任意となりますので、登録しなくても問題はありません。
チャネル名、チャネル説明を入力します。こちらは入力必須項目となりますので
注意事項を確認してご入力ください。

10 アプリタイプは［ウェブアプリ］を選択します。

11 2要素認証の必須化はOFFで問題ありません。

12 メールアドレスを入力します。

13 プライバシーポリシーとサービス利用規約のURLがあれば入力します。空欄でも
問題ありません。

14 LINE開発者契約の内容を確認してチェックを入れ、入力内容に問題が無ければ［作
成］をクリックして下さい。

15 LINEログインのチャネルが作成されたら、画面上部の「開発中」のアイコンをクリックして［公開］に変更します。「チャンネルを公開しますか？」と表示されますので［公開］をクリックします。

16 ［公開済み］になっていることを確認してください。

17 ここで「LINEログイン」と「MessagingAPI」が並んでいることを確認します。

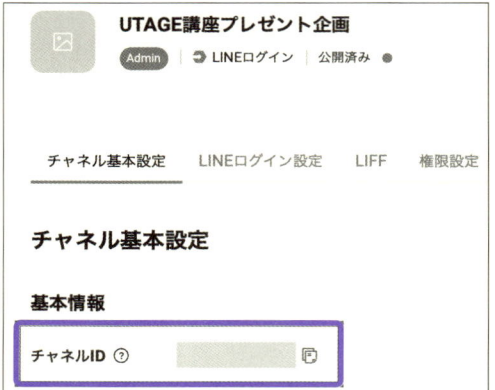

18

チャネル基本設定内の「チャネルID」に、表示されている10桁の数字をコピーします。数字の右側にある「コピーアイコン」をクリックするとコピーできます。
※作成した「LINEログインチャネル」の「チャネルID」「チャネルシークレット」の情報は複数のLINE公式アカウントで流用しないでください（正常動作せず非推奨）

19

UTAGEの［LINEログイン チャネル設定画面］に戻り、コピーしたチャネルIDをUTAGEの「チャネルID」の入力欄にペーストしてください。

20

LINE Developersに戻り、画面下部にある「チャネルシークレット」をコピーしてください。右側にあるコピーアイコンをクリックするとコピーできます。

21

再びUTAGEの画面に戻り、コピーしたチャネルシークレットを入力欄にペーストしてください。

22 入力内容の最終確認
以下の4項目の値がそれぞれ異なることを確認してください。全て異なる値が入力されていれば、手順は正しく進んでいます。
Messaging API「ChannelID」
Messaging API「Channelsecret」
LINEログインチャネル設定「チャネルID」
LINEログインチャネル設定「チャネルシークレット」
もし、LINEログインチャネル設定の値がMessaging APIと同じ場合は、手順5のLINEログイン認証のチャネル設定方法を再度確認し、正しい「チャネルID」と「チャネルシークレット」を取得・設定してください。

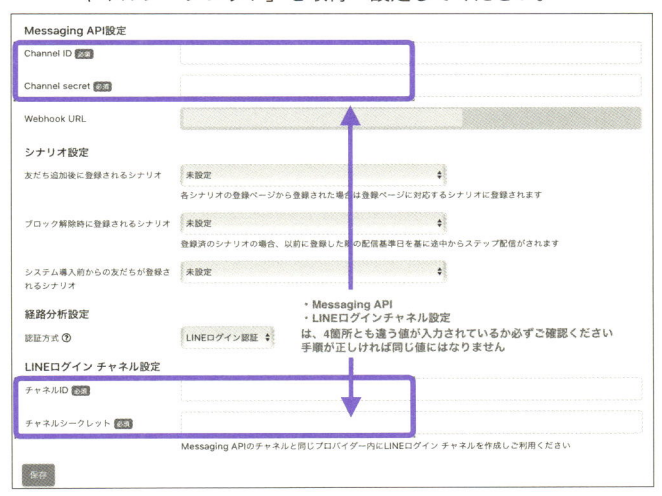

23 入力内容の最終確認が完了したら［保存］します。

24 連携結果の確認
「保存しました」と表示され、連携中のLINE公式アカウント名とIDが表示されれば連携成功です。（設定はまだ完了していません）
保存後に「500 / エラーが発生しました」と表示された場合は、以下を確認してください。
・Messaging API設定とLINEログインチャネル設定の値が重複していないか
・入力値の前後に空白がないか
・LINEログインチャネル設定作成時のプロバイダー名が正しいか

　続いて、LINE公式アカウントの管理画面側で「応答設定」（Webhook設定等）を行います。

■ ステップ6：LINE公式アカウント応答設定

01 LINE公式アカウントに戻り、［応答設定］をクリックします。

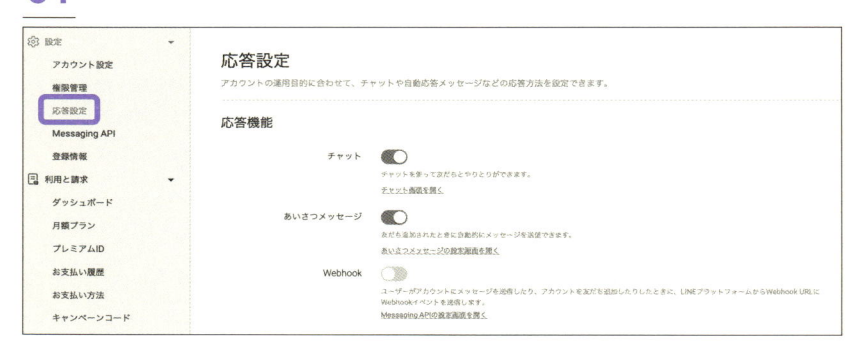

02 Webhookを「オン」に設定します。
Webhookが「オフ」になっているのを「オン」に設定してください。
※既にWebhookが「オン」の状態となっていた場合は、一度「オフ」にしてから
再度「オン」に設定し直してください。

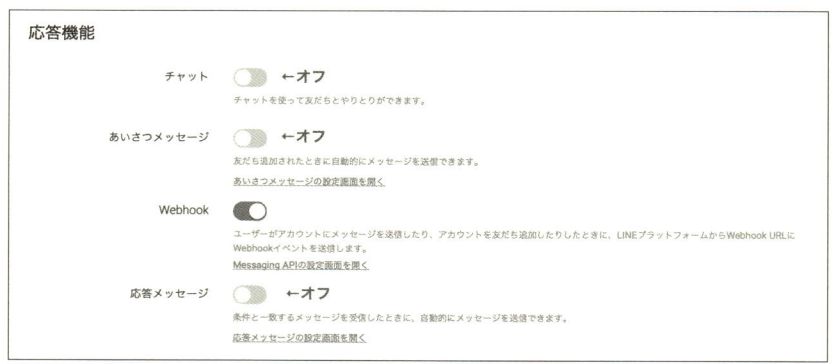

※チャット、あいさつメッセージ、応答メッセージは「オフ」にしてください。
※「チャット」を「オン」にしてもUTAGEは利用できますが、LINE公式アカウント側の
「チャット」画面から相手側に送信したメッセージはUTAGEの「LINEチャット」画面に
データ反映しませんのでご注意ください。

03 Webhook URLを確認します。
ページを更新すると、Messaging APIの［Webhook URL］にUTAGEで連携されているURLが表示されますのでご確認ください。

以上で（UTAGE）LINEログイン チャネル設定は完了です。

■ ステップ7：LINE連携確認

　UTAGE と LINE 公式アカウントの連携設定後、必ず動作テストを実施してください。設定に不備があると、一部機能が動作しない場合があります。

　事前のテストで問題を早期発見し、スムーズな運用開始を実現しましょう。

01 テスト配信用のシナリオを作成する。
UTAGEの［メール・LINE配信］からアカウントを開き、［シナリオ管理］をクリック、［追加］ボタンよりシナリオを追加します。

02 ［管理用シナリオ名］を入力します。今回は『テスト配信シナリオ』としましょう。

03 シナリオが追加されますので、シナリオ名をクリックします。

04 左のメニューから［ステップ配信］をクリックします。

05 ［LINEメッセージ追加］ボタンをクリックします。

06 LINEメッセージを入力して保存します。
管理名称：分かりやすい名称をご入力ください。
配信メッセージ：本文にテスト配信用のメッセージを入力してください。
送信タイミング：登録直後にメッセージを配信したいので、[シナリオ登録直後]
を選択してください。
設定が完了したら[保存]します。

07 ステップ配信内容を確認します。
媒体：『LINE』となっているか
管理名称：設定した管理名称「登録直後テスト」
送信タイミング：『登録直後』になっているか
ステータス：『稼働中』になっているか（下書きだと配信されません）

08 左メニューから[LINE登録ページ]をクリックし、下に出てきた[LINE登録ページ]をクリックします。

09 表示されたLINE友だち追加QRコードをスマホで読み取ります。

10 LINE友だち追加をします。
QRコードを読み取ると、認証許可を求められますので、『許可する』をタップしてください。

11 トーク画面を開きステップ配信で設定したメッセージが配信されていることを確認します。

12 続いて、スマホのトーク画面からメッセージを送信して見てください。

13 LINE友だち一覧に表示されていることを確認します。
LINE友だち追加が完了すると、LINE友だち一覧にアイコンと名前が表示されます。

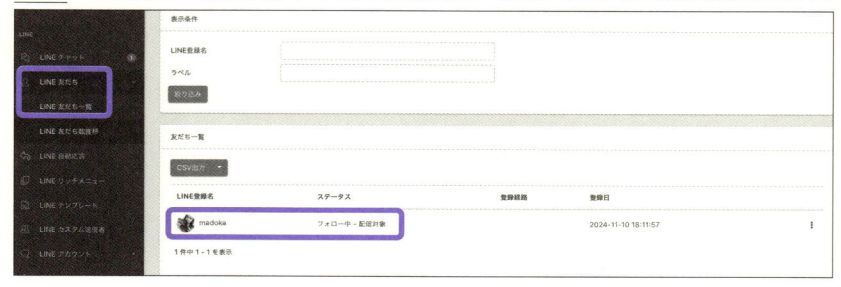

14 LINEチャットの画面で「LINEチャット」画面でスマホから送信したメッセージが受信できていることを確認します。
［LINE友だち一覧］からテスト登録したLINE登録名を選択し、以下の画面のようにスマホ側から送信したメッセージがUTAGE側で表示されているかご確認ください。

以上でLINE連携確認（テスト登録）は完了です。

3 決済連携設定

UTAGEでオンラインコンテンツ販売を行う上で欠かせない決済代行会社への利用申し込みと決済関連の設定を行いましょう。

決済代行会社申込準備「特商法ページ」を作成

　事業者は特商法に基づき、事業者情報や返品・返金に関するルールなどを明確に表示する義務があります。この情報を掲載したページが「特商法ページ」または「特定商取引法に基づく表記」と呼ばれるものです。

　UTAGEには「特商法・プライバシーポリシー」のテンプレートがあるため、1クリックで導入し内容を変更すればすぐに必要ページを作成することができます。

　まずはUTAGEの画面で［ファネル］＞［+追加］ボタンの順でクリックすると、ファネルのテンプレート一覧が表示されます。この中から「特商法・プライバシーポリシー」の［詳細］ボタンをクリックしたら、［このファネルを追加する］ボタンで導入します。

　ファネル名一覧に「特商法・プライバシーポリシー」が表示されたら、クリックして開きます。

　［編集］ボタンをクリックして、内容を自社の内容にすべて書き換えて使いましょう。書き換えたら画面右上の［保存］ボタンを必ずクリックして保存を忘れないようにしましょう。

　特商法・プライバシーポリシーのページが作成できたら、これらのページのURLを決済代行会社申し込みの際に使用します。

決済代行会社へ利用申し込みをする

　現在、UTAGE と連携できるクレジット決済代行会社は5社あります
が、オンラインコンテンツを販売する上で決済審査に通らないと利用
できない決済代行会社があります。

　決済代行会社の役割というのは、事業者の方がさまざまな決済サー
ビスを取り扱えるように、各決済サービス会社との契約手続きから、
利用までのサポートをすることです。

　例えば、

- VISA
- Master
- AMERICAN EXPRESS
- PayPay
- コンビニ決済

　などのやり取りをする手間を代理で行ってくれる会社のことです。

　消費者に安全な販売をするために、あなたの商品の内容が適切か・
誤解を与えるものではないかなどの審査でチェックされ、審査に通っ
た場合のみ対象の決済代行会社にてオンラインコンテンツの販売がで
きるようになります。

　年々ルールが厳しくなってきていますが、特に無形商材の取扱いが
できなくなるポイントが次の4つです。

禁止事項

- 誇大表示
- 断定的な表示
- 景品表示法の内容に反する行為

- **事前の公言をしていないケースでのバックエンド販売**

特に、

- **稼ぐ、儲かる系の副業**
- **起業、ギャンブル**
- **投資関連商材**

これらは審査が通りませんので気をつけましょう。

私は国内決済代行会社のUniva Payをメインで利用しています。「Univa Pay」は通常、初期費用・月額費用がかかりますが「UTAGE契約者様　専用申込」を行うと、初期費用・月額費用どちらも無料になります。

また、「Univa Pay」は無形商材に肯定的な会社である点も取引をしている理由の1つです。実際、「コンサルティング事業」や「スクール事業」などの無形商材の契約件数は、2023年度だけで2500件以上の実績があります。それに加えて、無形商材への分割決済の提供が審査結果次第で可能です。これまで多くの事業者様の審査を通した実績もあり、サポートセンターの対応が充実している点も安心です。

UTAGEを契約されている方は特別フォームよりぜひ審査に出してみてください。

※審査に出す上で、特商法ページなどの他に商品ページが必要になります。ない場合はUTAGEのテンプレートで簡単に作成できます。ページの作成方法はCHAPTER-6のSECTION3を参照してください。また審査結果が出るまでに時間がかかることも視野に入れて準備を進めましょう。

■UTAGE専用UnivaPay決済契約申込

https://r-agent.upc-app.com/utageplan/

※UTAGE専用UnivaPay決済プランはUTAGE契約者であることが条件です。

使用する決済代行会社情報を連携する

　決済代行会社のアカウント開設が完了したら、UTAGEと決済代行会社情報を連携して、決済ができるように設定しましょう。

■ アカウント連携方法

01

上メニュー［ファネル］をクリックしたら、左メニュー［決済連携設定］をクリックしますと、設定画面が表示されます。

02 連携したい決済方法の必要項目を入力し、［保存］をクリックします。

　ここからはStripeを利用する場合の操作を解説します。

●**Stripe連携設定：「公開可能キー」「シークレットキー」をご入力ください。**

※各キーは、Stripeにログイン後、「開発者＞APIキー」よりご確認く

ださい。

【本番モード】と【テストモード】両方登録しておくことで、ファネル共通設定でモードの切り替えをした際に自動で決済モードが連携されるようになります。

■ 複数決済アカウントに連携

　商品ごとに連携アカウントを変更したい場合、複数決済アカンウトを登録しておくと選択可能になります。

追加方法

01　［決済連携設定］画面の［共通設定］欄で、［決済アカウント多重化設定］を「利用する」を選択し［保存］をクリックします。

02　再度［決済連携設定］を開き直すと、設定済みのアカウントは「デフォルト」として保存され、別アカウントを追加することが可能になります。［+追加］をクリックして追加してください。

事業者設定

SECTION
06 手間になりがちな領収書・請求書発行もUTAGEで自動化してしまいましょう！

事業者設定

　UTAGEでは、事業者設定を行うことにより、インボイス制度の「適格請求書」の要件を満たした領収書を自動発行することができます。最初に設定することでその後の領収書発行等は自動でできるため、最初に行っておきましょう。

■ 事業者設定の操作

01 上メニュー［ファネル］をクリックしたら、左メニュー［事業者設定］をクリックします。

02 事業者設定を入力します。

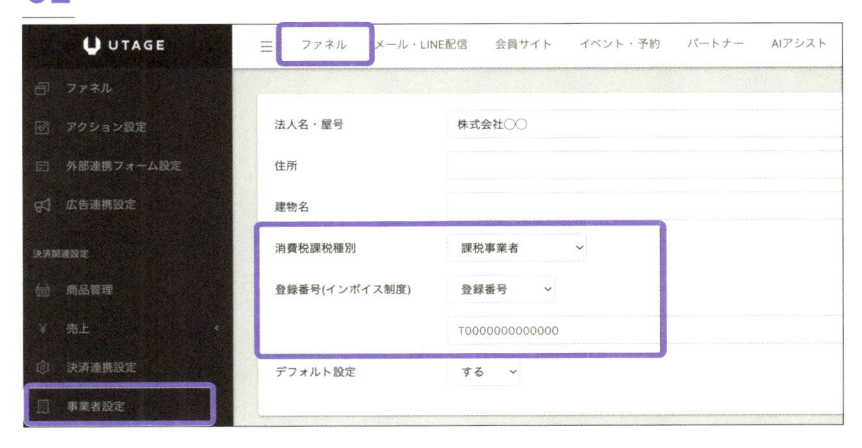

領収書メール設定

　決済完了と同時に領収書を自動送信する機能があります。この機能でスマートに発行業務ができるようになります。

領収書自動送信：「する」に設定すると、決済完了時に自動で領収書メールが送信されます。継続課金や有料イベントの場合も、都度送信されるので便利です！

送信元メールアドレス：領収書の送信元となるメールアドレスを入力してください。

送信内容：「デフォルト」または「カスタム」から選べます。「カスタム」を選べば、件名や本文を自由に編集できます。

デフォルトの場合のメール内容

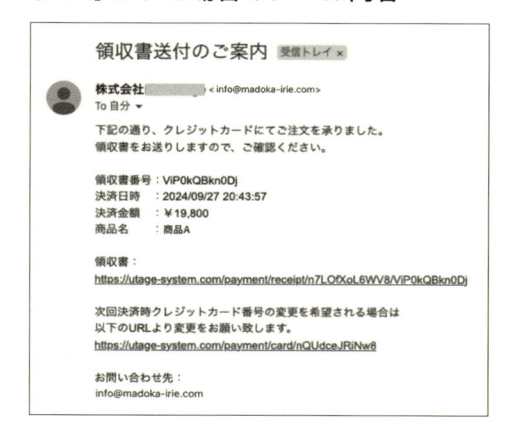

インボイス制度に適応した領収書が自動発行されます。

領収書のURLをクリックしたところ

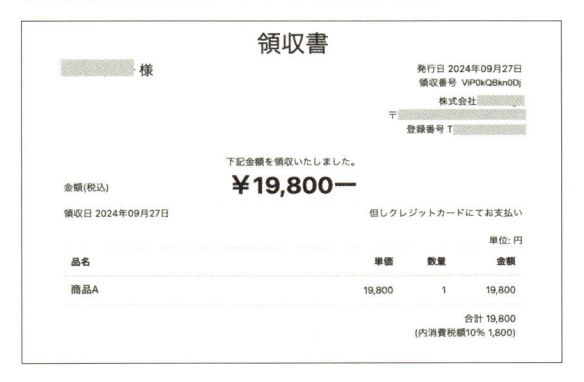

■ 売上一覧から領収書発行する

【事業者設定】が完了している場合、【売上一覧】より個別に領収書を発行することができます。

■ 個別の領収書発行

01 上メニュー［ファネル］から左メニュー［売上］＞［売上一覧］をクリックします。

02 個別に領収書を発行したい購入者を売上一覧より探します。必要に応じてメールアドレスや商品名などで絞り込みをしてください。

03 該当売上の操作メニュー［⋮］より［領収書］をクリックします。

04 領収書のタブが開きますので、URLをコピーして購入者へご案内ください。

P Plan

CHAPTER-4

D Do

A Action

C Check

セールス前に
やっておくべき
会員サイト作成

会員サイトの活用事例

4

SECTION 01
せっかく作ったオンラインコンテンツは、価値ある形態でお客様にお渡しするのはもちろん、セールスもプレゼントにも使える会員サイトの3つの活用法をご紹介します。

オンラインコースとしての活用

　オンラインコンテンツを販売する前に、お客様に提供するオンラインコンテンツ「会員サイト」の構築が必要です。

　みなさんは、オンラインコンテンツをどのようにお客様に提供していますか？　Facebookページの活用や視聴リンク・資料リンクをそのまま渡すなどの方法が一般的だと思います。しかし、この方法だと、実はセキュリティや顧客満足度の観点で考えるとデメリットが多いのです。その問題を解決するのが会員サイトです。

　しかしこれまではKAJABI（カジャビ）やTeachable（ティーチャブル）といった海外の会員サイトシステムを使って会員サイトを構築するしかなく、英語でしか使えないうえに使用料が高いのです。会員サイトの構築と運用には毎月数十万の費用がかかっていました。

　それがUTAGEなら月約2万で構築も運用もできるのです。

　UTAGEの会員サイトには以下の素晴らしい特徴があります。

- どこにどのコースがあるかひと目でわかりやすい
- 受講生自身でどこまで受講を進められたか状況把握しやすい
- オンラインコンテンツ提供側でも受講生の受講状況やいつどのページにログインしたかを把握できる

といった受講しやすい環境が整っているので、ぜひUTAGEで会員サ

イトを構築し価値ある内容を提供しましょう。さらにUTAGEの会員サイトは、セールスページやプレゼントページとして活用することもできます。

セールスページとしての活用

「オンラインコンテンツを購入してくれた方に上位コースをスムーズにご紹介やセールスができないかな？」
「会員サイトの一部のみ無料開放して、一部は購入しないと閲覧できないようにする機能はないかな？」

　と、会員サイトの機能を使ったアップセルのご相談もよく受けますが、UTAGEではそれが簡単に実装可能です。

会員サイトのアップセルの事例

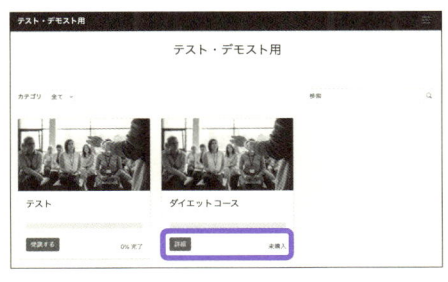

ダイエットコースをクリックすると購入ページに遷移します。

　このようにUTAGEの会員サイトを使用すると、商品棚のように未購入商品を複数表示させることが可能となります。受講生はこのページから直接商品の購入ができ、UTAGEで仕組みを構築をしておけば購入後のメール配信→購入した会員サイト開放を自動で提供することができます。
　この機能を活用することで

- 基本コース→上位コースといったアップセル
- マーケティングコース→個別コンサルといったクロスセル

をスムーズに行うことができLTV「顧客生涯価値（Life Time Value）」の向上に非常に役立ちます。

プレゼントページとしての活用

見込み客にメールやLINE登録してもらう時に「登録プレゼント」として動画やPDFなどの資料を用意することが一般的になりましたが、みなさんはどのようにプレゼントデータをお渡ししていますか？

Googleドライブで渡している・動画はYouTubeの限定公開でリンクを渡しているなどをよく聞きます。これは渡す側にとってはすぐお客様にプレゼントを提供できる形として便利ですが、お客様の立場になって考えた時に、情報がバラバラ→管理がしにくい→どこに行ったか忘れてしまってせっかくのプレゼントを見なくなる、とうことになってしまう可能性が高いです。

プレゼントの提供を通じて「この人の情報はとても価値があるな！なら講座の詳細も確認してみようかな？」と購入に繋がるチャンスがあるのに、プレゼントの提供方法でそのチャンスを逃し、せっかく作ったプレゼントコンテンツが見られないのは、もったいないですよね？

そこで私は、動画や資料などいくつものプレゼントを提供するために、UTAGEの会員サイト機能を使ったプレゼントサイトを用意することにしました。

　プレゼントサイトがあることで情報管理が一元化できる以外にも、以下のメリットがあります。

専用プラットフォームの使用で、より高級感やプロフェッショナリズムを演出

- デザイン性があるヘッダーの設置や色設定によりブランディング力アップ
- プレゼントサイトのリンクをお渡しするだけで提供可能（コンテンツへのアクセスが容易になる）

セキュリティの強化・利用分析

- 必要であればパスワードをつけて情報を保護できる
- 会員専用のアクセス制限により、情報漏洩リスクを低減
- 第三者による不正アクセスや無断共有を防止
- 視聴状況や動画・資料の利用状況を詳細に把握可能

関係性の強化

- コンテンツ追加やお知らせ機能の活用で価値提供をする
- 有料コンテンツへのアップセル機会の創出

　こういったメリットにより、UTAGEの会員サイト機能を使用することで単なるファイル共有以上の価値を提供できます。

4

会員サイト構築

SECTION
02

UTAGEで会員サイトを構築するステップを解説します。
自分がどのように会員サイトを構築するかプランを立て
てから取りかかりましょう。

会員サイトとコース構成の全体イメージ

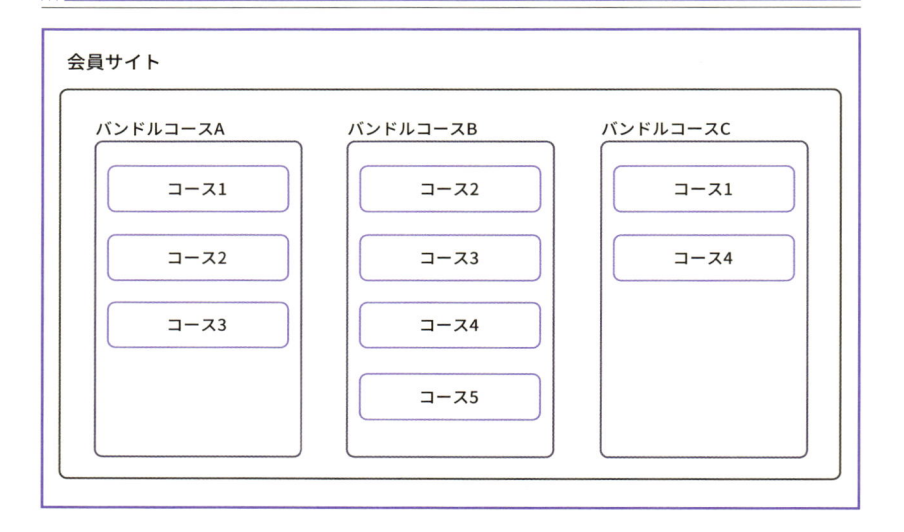

　UTAGE会員サイト機能は、構成としては上図のような階層となって
います。
　一番上部に「サイト名」、その配下に単体「コース」があり、その単
体「コース」を複数まとめた（グループ化）のが「バンドルコース」
となります。※バンドルコース名は会員サイト上では表示されません。
それぞれのコースの中にレッスンがあります。

バンドルコース例

料理講座	
家庭料理コース （バンドルコースA）	インストラクター養成コース （バンドルコースB）
コース①食材の基本 コース②レシピ	コース①食材の基本 コース②レシピ コース③料理の教え方 コース④レシピ開発方法

　コース・レッスン・バンドルコースの概念を理解し、あなたのコンテンツサイトの構成を決めてから構築作業に入りましょう。

※ファネル機能で作成した商品購入ページ経由で購入後に会員サイトのコースを開放させたい場合は、会員サイト内の「バンドルコース」を指定することが必要となります。

素材の準備（画像、PDF、動画、音声）

　UTAGEでは、画像、PDF、動画、音声ファイルなどをアップロードして管理ができたり、それらの素材を会員サイトやファネルやメッセージに活用できます。一覧で管理でき、一覧から削除すると使用しているページからも削除されます。

画像、PDFは「メディア管理」動画は「動画管理」音声は「音声管理」にアップロードします。新規フォルダを作り分類してアップロードすることもできます。

■ 画像、PDFファイルをアップロードする方法

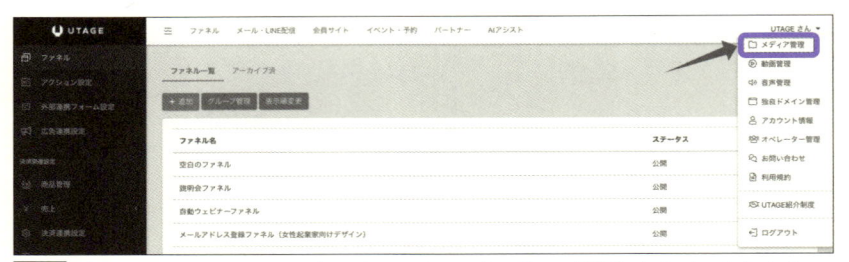

01 右上のUTAGEアカウント名をクリックし、[メディア管理] をクリックします。

02 保存されているデータの一覧が表示されます。

03

メディア管理を開いたら [新規アップロード] をクリックします。
※動画は「動画管理」、音声は「音声管理」を選んでアップロードします。

04

ポップアップにて［参照］をクリックし、アップするメディアを選択したら［アップロード］をクリックします。

※画像、PDFは5GBまで動画は50GBまでアップロードできます。

05 メッセージと、追加されたメディアが一覧に追加されます。

■ メディアの削除方法

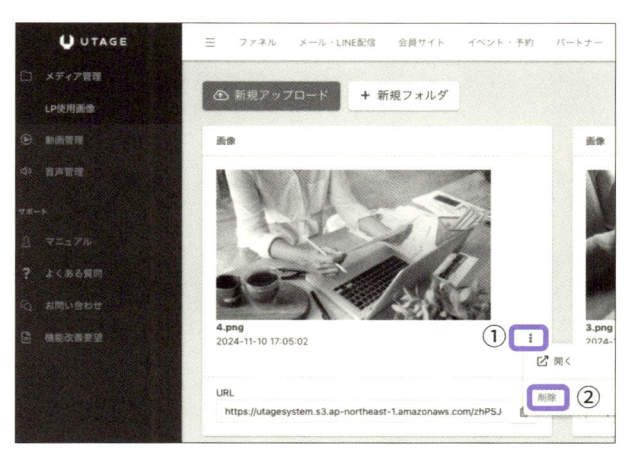

01

メディアフォルダを開いたら、削除したいメディアの名前の横の3点リーダーから［削除］をクリックします。

02 メッセージが表示され、一覧から削除したメディアがなくなります。
※削除すると、そのメディアが使用されていた場所からも表示がなくなりますので、ご注意ください。

　アップロードした画像を複数回使用したい場合は、都度アップロードしなくてもメディア管理からURLをコピーするだけで利用できます。

01

アップロードした画像のURLをコピーします。URLの右側のコピーボタンでコピーができます。

会員サイト新規作成

　素材の準備ができたら、会員サイトを作っていきましょう。

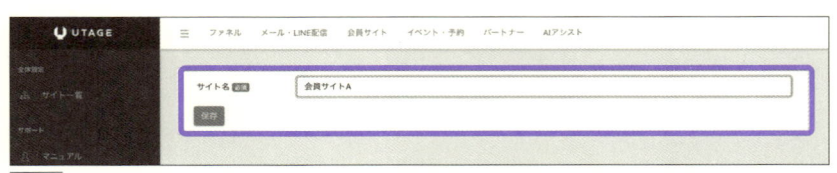

01 上メニューから［会員サイト］ー［追加］ボタンをクリックし、「サイト名」に会員サイトの名前を入力して［保存］をクリックします。

02 「追加しました」のメッセージと、追加された管理サイトが一覧に表示されます。

■ 会員サイト削除方法

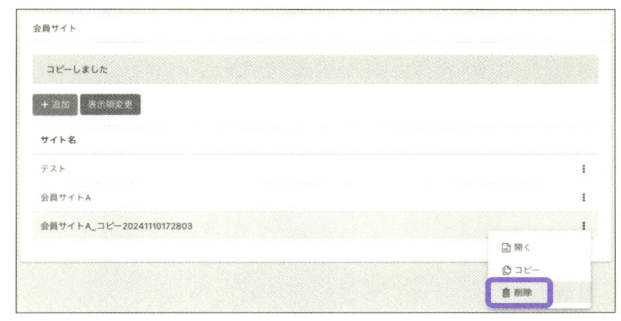

01

会員サイト一覧にて、削除したい会員サイトの［：］のメニューより［削除］をクリックします。「削除」と入力すると削除できます。

02

メッセージが表示され、一覧から選択した会員サイトがなくなりましたら削除完了となります。

会員サイトの設定（カラーやメニュー）

　UTAGEではトップページのデザイン、ヘッダー/フッターメニュー、会員サイトのロゴ画像を設定することができます。

■ 会員サイトのカラーやメニューの編集方法

01

上メニュー［会員サイト］から編集するサイトを一覧よりクリックします。

02

左メニュー［ページ設定］より［コースページ］をクリックします。

03

［ヘッダー設定］を設定します。
ヘッダーの背景色や文字色を変更したり、サイトロゴ画像を設定することができます。

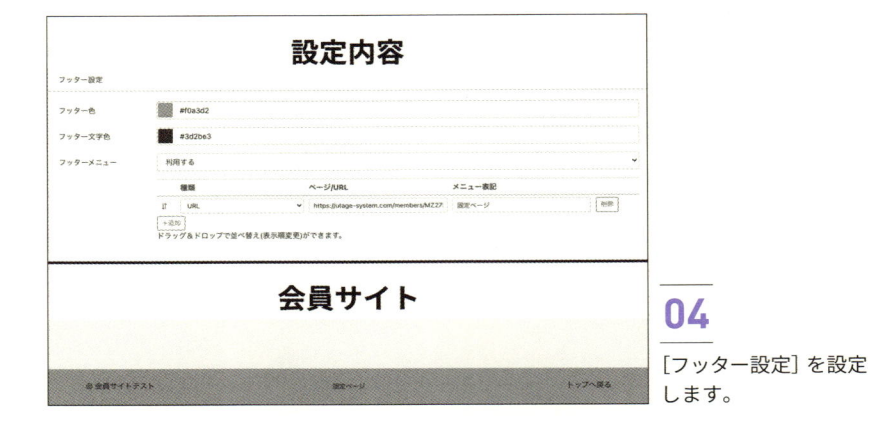

04 ［フッター設定］を設定します。

05 「更新しました」メッセージが表示されたら設定完了となります。

■ ログインページ編集方法

　ログイン画面のデザイン、ロゴ画像の設定をすることができます。

01 左メニュー［ページ設定］より［ログインページ］をクリックします。

02 設定をし［保存］をクリックします。

03 「更新しました」メッセージが表示されたら設定完了となります。

コース

　コースは初級・中級などの階級やマニュアル・講義動画などテーマごとに分けて作成することができ、受講側にとってもどこにどのコースがあるか見た目で伝わりやすくなります。

100

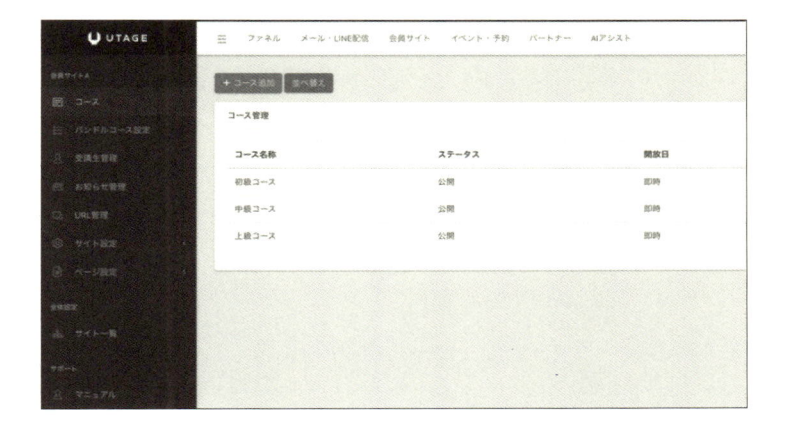

会員サイトイメージ

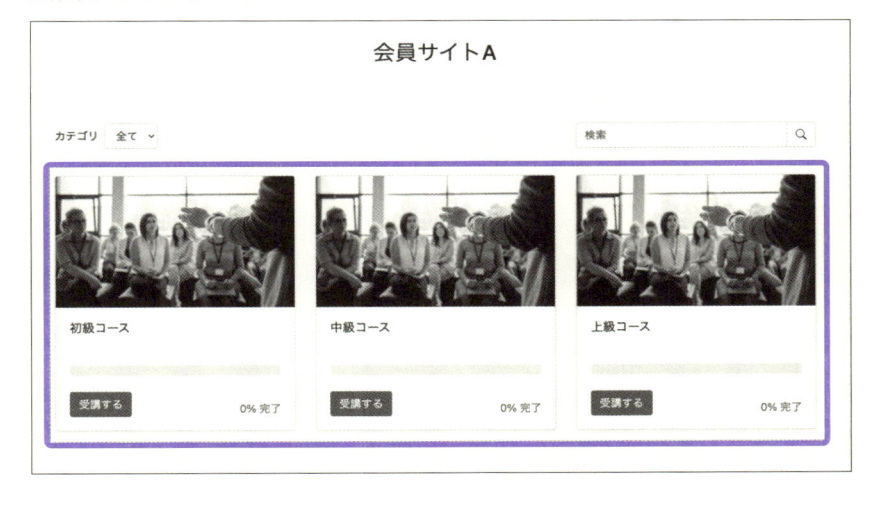

■ 会員サイトにコースを追加する方法

01 上メニュー［会員サイト］から対象の会員サイトをクリックして選択します。

02 ［＋コース追加］をクリックします。

03 コース名などを設定し［保存］をクリックします。
ステータスを「下書き」から「公開」にすると利用開始されます。

■ 未購入者へのオファー設定

　まだ購入していない方へのオファーをUTAGEの設定上で効果的に行うことができます。

- 会員サイトのトップページにセールスページのリンクをのせることができます（購入済みの受講生にはリンクは非表示）
- 常時表示オファー：未購入者に常に表示できるオファーです。「利用する」「利用しない」から選択できます。利用する場合は、「常時オファーページURL」にオファーページのURLを挿入します
- 期間限定オファー：未購入者に期間限定で表示できるオファーです。「利用する」「利用しない」から選択できます

　特定のバンドルコース購入後に、期間限定オファーを表示できます。
　表示する場合は、対象のバンドルコース、オファーページのURL、および表示期間を設定します。

■ 自動化設定

　お客様に提供するコースの開始日・終了日を事前に設定することで、設定スケジュール時に自動でコースの開始・終了を行うことができます。

自動化設定

受講対象者	指定しない
受講スタイル	○ 最初から開放済みの全てのレッスンが受講可能 ◉ 受講完了に変更すると次のレッスンが受講可能
開放日(開始日)	◉ コースへ登録後すぐに開放 ○ コースへ登録後、指定した日数経過後に開放 ○ コースへ登録後、指定した月数経過後に開放 ○ 指定した日時に開放 ○ アクセス元シナリオの配信基準日時から指定した日数経過後に開放
締め切り(終了日)	○ 締め切りを設けない ◉ コースへ登録後、指定した日数経過後に終了 ○ 指定した日時に終了 ○ アクセス元シナリオの配信基準日時から指定した日数経過後に終了 コース登録　30　　日後に　18　　時に終了
受講停止時の動作	全て閲覧不可

保存

受講スタイル

UTAGEでは、コースの受講スタイルを以下の2通りに設定できます。

❶コース内の全レッスンをすぐに閲覧・受講できるスタイル。

❷前のレッスンを受講完了するまで次のレッスンが受講できないスタイル。

コースの開始日の設定

「申し込み後すぐに全コースの受講を開始する」「コースＡは受講後すぐ開始、コースＢは受講して1ヶ月後に公開する」などコース開始日を設定することで、受講生がスマートに会員サイトを活用することができます。

コースの終了日の設定

「利用期間が終了したらコースの公開を終了する」といった会員サイトの利用期間があらかじめ決まっている場合に設定しておくと、自動でコース公開終了ができ便利です。

中級コース

受講する　　12/9 23:59まで　　0% 完了

■ 受講終了後の設定

受講終了や退会時に自動でコース公開終了ができ便利です。

■ コースのコピー・削除方法

1度作成したコースを1クリックでコピーして増やしたり、不要になったらコースを削除することができます。

①コピー方法

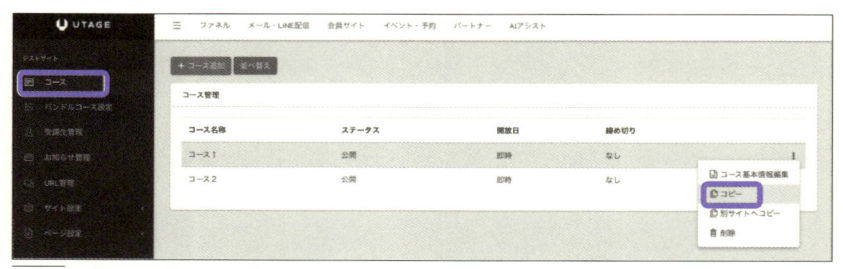

01 「コース管理」一覧にて、コピーしたいコースの［⋮］のメニューより［コピー］をクリックします。

02 メッセージが表示され、一覧に選択したコース名＋日付連番のサイトが表示されましたらコピー完了となります。

②削除方法

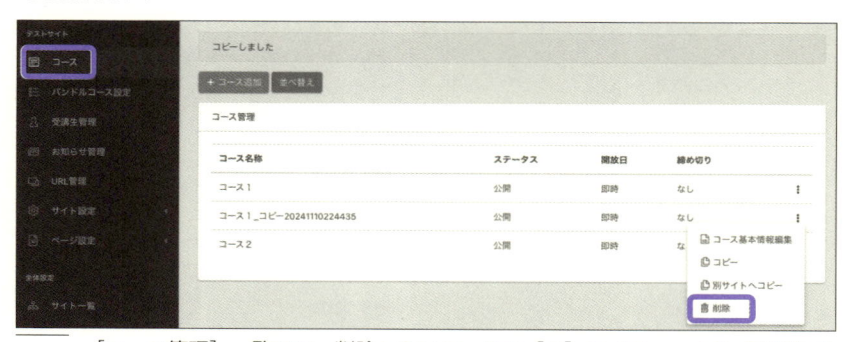

01 ［コース管理］一覧にて、削除したいコースの［⋮］のメニューより［削除］をクリックします。「削除」と入力すると削除されます。

02 「削除しました」のメッセージが表示され、一覧から選択したコースがなくなりましたら削除完了となります。

③コースの別サイトへのコピー

作成したコースを別の会員サイトへコピーすることができます。

01 ［コース管理］一覧にて、コピーしたいコースの操作メニュー［ ⋮ ］より［別サイトへコピー］をクリックします。

02 ［別サイトへのコピー］のポップアップが表示されますので、コピー先の会員サイトを選択し、［コピー］ボタンを押下します。

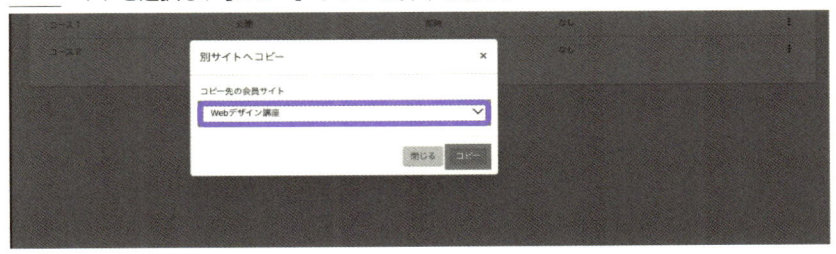

03 「コピーしました」とメッセージが表示されましたらコピー完了となります。コピー先の会員サイト内にコピーしたコースが追加されています。

④コース表示順変更方法

コースの並び順を変更することができます。

01 ［コース管理］一覧の［並べ替え］をクリックします。

02 ［コース表示順変更］ページになったら、ドラッグ＆ドロップで並べ替えて［保存］をクリックします。

03 「更新しました」とメッセージが表示されたら並び替え完了となります。

レッスン

コースのレッスンとはコース受講生に提供するレッスン内容となります。受講状況は受講生別に確認することができます。

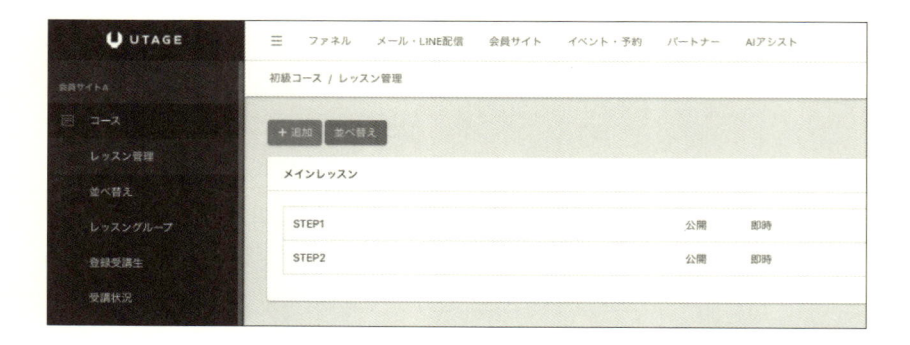

①レッスン追加方法

01 上メニュー［会員サイト］から利用するサイトをクリックします。

02 ［コース管理］一覧からレッスンを追加するコースを選択し［＋追加］をクリックします。

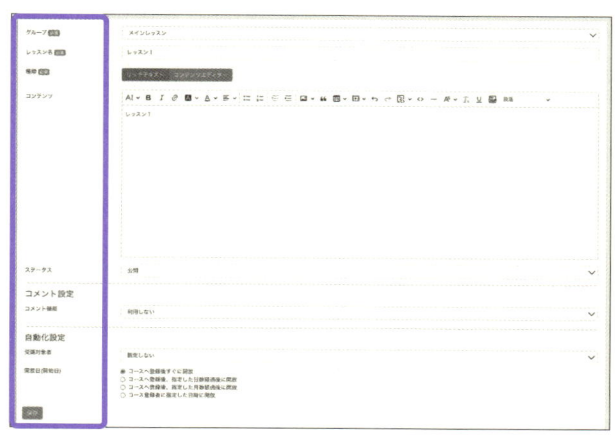

03 レッスンの設定を行い［保存］をクリックします。

②グループの追加方法

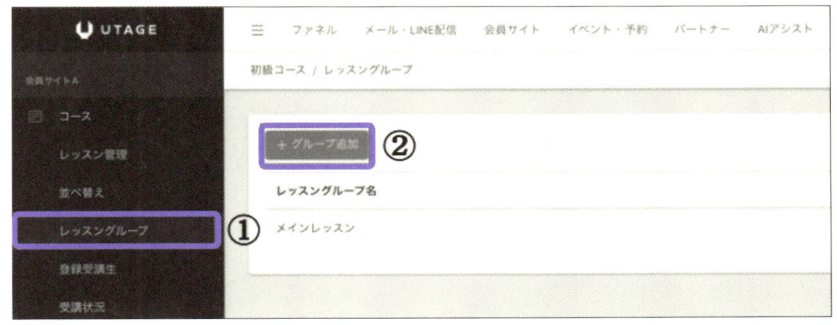

01 ［コース管理］から編集したいコースを選択し、左メニュー［レッスングループ］＞［＋グループ追加］をクリックします。

02 グループ名などを設定し［保存］をクリックします。
・グループ名：グループ名を設定します。
・ステータス：「下書き」「公開」より選択できます。
コースと同じように自動化設定ができます。

03 「追加しました」とメッセージと、追加したレッスンが指定したグループの一覧に表示されます。

■ 会員サイトコンテンツエディターの編集方法

　ファネル編集画面のようなエディタで、簡単にさまざまな要素をコンテンツに挿入することができます。

1.開き方

　レッスンの編集画面で［種類］設定を「コンテンツエディター」へ指定すると、左下に［編集］ボタンが表示されますのでクリックします。

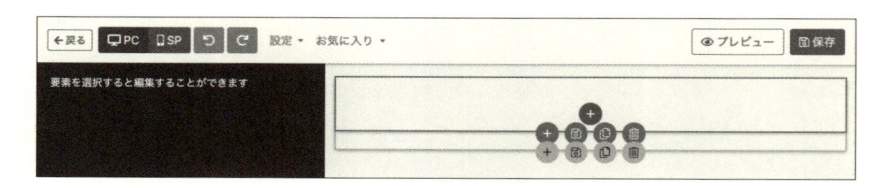

2.使用できる要素

コンテンツ作成には、以下の要素を利用できます。

- テキスト
- 見出し
- 画像（リンク設定可能）
- 動画（vimeo、YouTube、UTAGEからの挿入）
- 音声
- PDF
- ボタン（リンク設定可能）
- 表（カスタマイズ可能）
- 吹き出し
- 画像+テキスト（画像位置変更可能）
- 動画チャプター（タイムスタンプとタイトル設定）

- カウントダウン
- メモ（受講生用）
- 区切り線
- カスタムHTML
- 余白

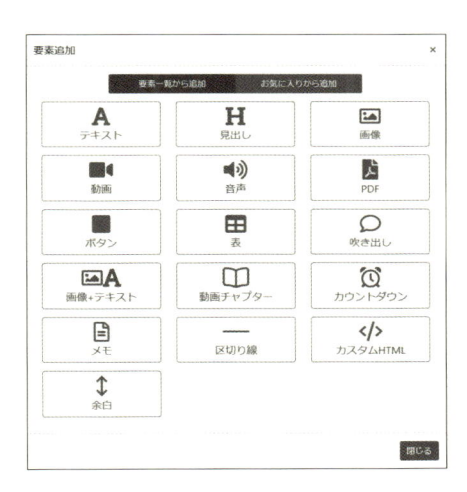

■ レッスンコピー・削除方法

①コピー方法

01 ［メインレッスン］一覧にて、コピーしたいレッスンの ［⋮］ のメニューより ［コピー］ をクリックします。

02 「コピーしました」とメッセージが表示され、一覧に選択したレッスン名＋日付連番のサイトが表示されましたらコピー完了となります。

②削除方法

01 ［メインレッスン］一覧にて、削除したいレッスンの ［…］ のメニューより ［削除］ をクリックします。「削除」と入力すると削除されます。

02 「削除しました」とメッセージが表示され、一覧から選択したレッスンがなくなりましたら削除完了となります。

③レッスンの別コースへのコピー

作成したレッスンを別のコースへコピーすることができます。

01 ［レッスン管理］一覧にて、コピーしたいレッスンの操作メニュー［：］より［別コースへコピー］をクリックします。

02 ［別コースへのコピー］のポップアップが表示されますので、コピー先のコースを選択し、［コピー］ボタンを押下します。

03 「コピーしました」が表示されましたらコピー完了となります。
コピー先のコース内にコピーしたレッスンが下書きの状態で追加されています。

■ レッスン並び替え方法

01 レッスンが一覧表示されている画面の左メニューの［並べ替え］をクリックします。

02 ［レッスン表示順変更］ページになったら、ドラッグ＆ドロップで並べ替えて［保存］をクリックします。

03 「更新しました」とメッセージが表示されましたら並び替え完了となります。

バンドルコース

　バンドルコースとはコースを複数組み合わせたグループコースとなります。

　バンドルコースは【ファネル】機能の商品詳細で連携でき、購入と同時に会員サイトを提供可能です。

　単体コースとして販売をしたい場合には、販売したいコースのみを設定したバンドルコースを作成してください。

■ バンドルコースの追加方法

01 上メニュー［会員サイト］から利用するサイトをクリックします。

02 左メニュー［バンドルコース設定］-［＋追加］をクリックします。

03 バンドルコースの内容を設定し［保存］をクリックします。

04 「追加しました」とメッセージと、追加されたバンドルコースが一覧に表示されます。

例）バンドルコースにコースを途中追加した場合

> バンドルコースAに「初級コース」を設定

↓

> バンドルコースAに受講生登録

↓

> バンドルコースAに「中級コース」を追加

↓

> バンドルコースAの既存受講生に「中級コース」が自動開放される

例）バンドルコースにコースを途中削除した場合

> バンドルコースAに「初級コース」「中級コース」を設定

↓

> バンドルコースAに受講生登録

↓

> バンドルコースAから「中級コース」を削除

↓

> バンドルコースAの既存受講生に対して「中級コース」が自動削除される

■ バンドルコースの表示順変更

　会員サイトのバンドルコース表示順は、ドラッグ＆ドロップで変更できます。変更後、「保存」ボタンをクリックすると更新が完了します。

変更手順：会員サイト＞該当サイトを選択＞バンドルコース設定＞表示順変更

会員サイトURL確認方法

01 ［サイト一覧］よりURLを確認したいサイトをクリックします。

02 左メニューの「URL管理」では、ログインURLとプレビューURLを確認できます。ログインURLを受講生に案内してください。プレビューURLでは、サイト設定とコースの表示を確認できます。

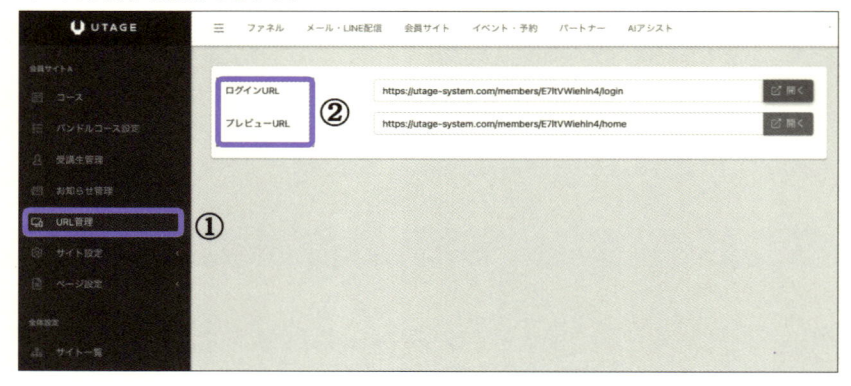

ログインURLを開くと、会員サイトのログインのページが開きます。

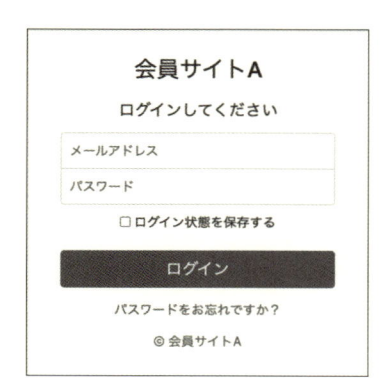

受講生の管理方法

　会員サイトの受講状況や、受講生のコース登録・解除を手動で行えます。コース登録は、シナリオの登録フォームや商品購入時にも自動で行われます。

　シナリオからの自動登録はCHAPTER-5-5のアクション設定にて詳細をご覧ください。

　商品購入時の自動登録はCHAPTER-6-2の商品登録にて詳細をご覧ください。

■ 手動で受講生登録をする

01 上メニュー［会員サイト］から利用するサイトをクリックします。

02 左メニュー［受講生管理］選択し［＋追加］をクリックします。

03 情報の入力・設定をし［保存］をクリックします。
・名前：受講生の名前を入力します。
・メールアドレス：受講生のメールアドレスを入力します。
・パスワード：受講生がログインする際に使用するパスワードになります。

04 「追加しました」とメッセージと、追加された受講生が一覧に表示されます。

■ 受講生の登録状況を確認する

01 上メニュー［会員サイト］から利用するサイトをクリックします。

02 左メニュー［受講生管理］-［受講生管理］一覧より詳細を確認したい受講生を選択します。

03 コースの登録状況が見られます。

■ 受講コースを追加する

受講生の受講コースを手動で設定する方法です。

01 ［コース追加］にて追加するコースを選択し［追加］をクリックします。

02 「追加しました」とメッセージが表示され、追加したコースが一覧に表示されましたら追加完了となります。

■ 受講コースを解除する

受講生の受講コースの登録解除（利用停止）する方法です。

01 各受講コース一覧より解除したいコースの［：］を押し［登録解除］をクリックします。

02 「解除しました」とメッセージが表示され、一覧から解除したコースの表示がなくなったら解除完了となります。

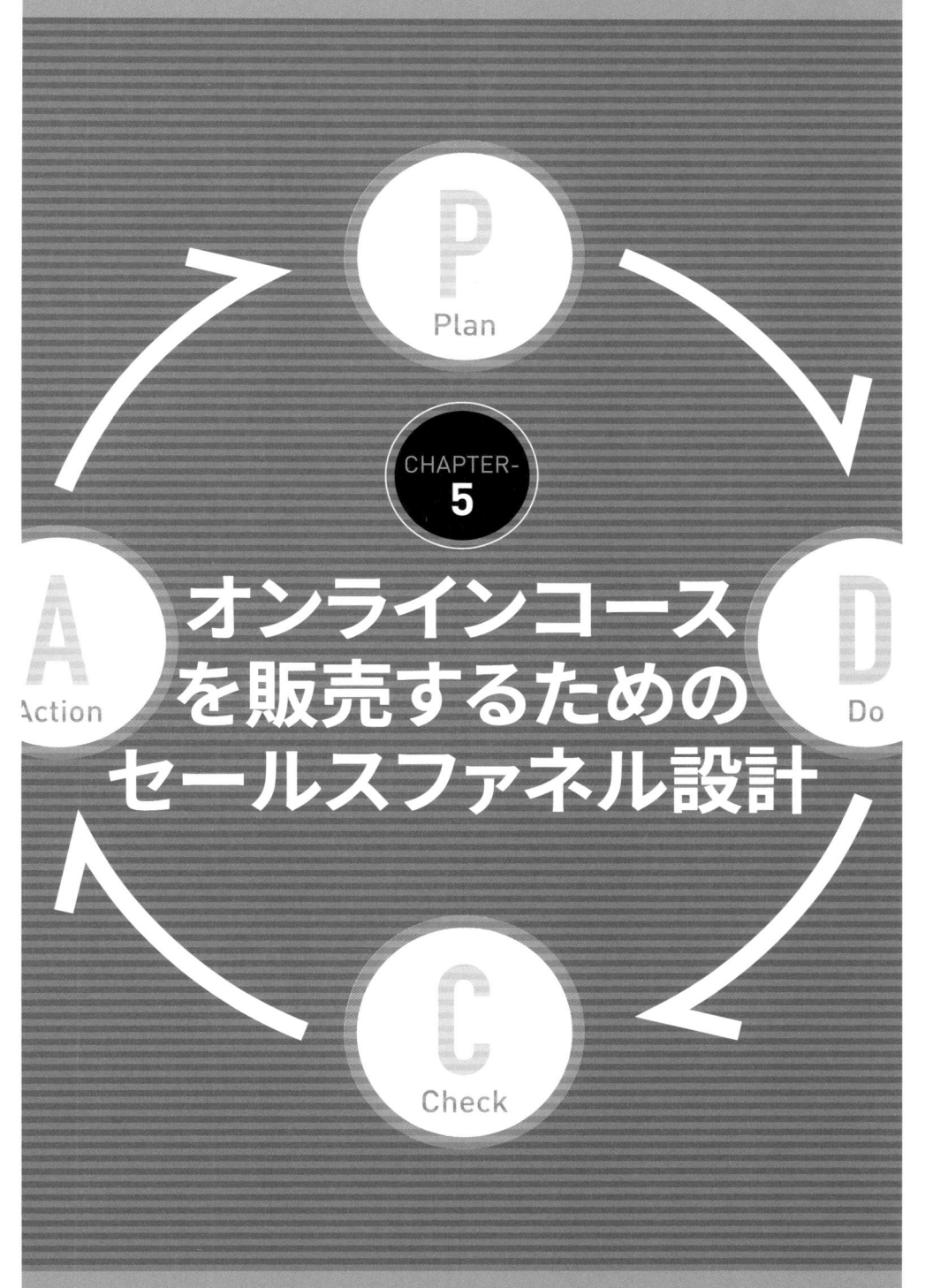

CHAPTER-
5

P
Plan

D
Do

A
Action

C
Check

オンラインコース
を販売するための
セールスファネル設計

5 セールスファネル全体像

あなたのオンラインコンテンツを広め販売していくためには自分に合うセールスファネルを選ぶことが重要です。まずはセールスファネルへの理解を深めましょう。

SNS発信を通してリストを集める「リストマーケティング」

オンラインコースを販売する上で、まず最初に必要になるのは、見込み客と言われるお客様のリストを集める「リストマーケティング」をすることです。リストマーケティングには以下の利点があります。

- SNSのアルゴリズム変更や表示制限に左右されず、直接メッセージを届けられる
- データの所有権 SNSプラットフォームに依存せず、自社でデータを管理・活用できる
- プライバシーとセキュリティ面で、より安全で個人的なコミュニケーション手段として活用できる

SNSをフォローしているだけの方よりも「あなたの情報をもっと知りたい」と興味関心度が高い方々を集めた先に将来的な販売につなげることができるため、オンラインコース販売をしていく上でリストマーケティングは重要と言えます。

SNSには「今すぐ必要としているお客様になり得る方」と「様子を見ているだけの通りかがりの方」がいて、割合的には後者の方が多いのです。関心度が低い方々に対してもセールスをしてしまうと「押し売り感」が出てしまうこともあり、機会損失を増やすことにもつながります。

一方、興味関心度が高い方だけをリスト取得という形で集め、必要な方にオファーやセールスをするほうが、機会損失を減らすことができる上に、確実に成約率が上がります。一度きりの販売ではなく、長期的な顧客関係を築くことも可能になるため、リストの取得はオンラインコンテンツ販売をする上で欠かせません。

フロントエンドの実施

オンラインコンテンツを購入するか迷っている時には

- **そのコンテンツの中身はどんな感じなんだろうか**
- **本当にこれで成果が出るのだろうか**
- **自分が受けた時についていけるのか**
- **ちゃんと講師に対応してもらえるのだろうか**

などと考える方が多いものです。

　そこで、購入前にコンテンツの一部を試してもらい、購入しても大丈夫だと思っていただけるような機会を設けることが必要になります。

　それがフロントエンド＝お試し商品の役割です。

　フロントエンドではオンラインコンテンツ（バックエンド＝本命商品とも言われます）の一部の内容が試せたり、実際の対応などを体感することによって、お客様に安心してあなたのオンラインコースを購入いただくきっかけになるので、フロントエンドをセールスファネル上に組み込みましょう。

　フロントエンドでよく行われる提供方法には

- **1dayセミナー**
- **講座説明会**
- **個別相談**

などがあり、それぞれ以下のような特徴があります。

セミナー

数人から数百人などのお客様に対して一斉にアプローチできる。
個別で対応するよりも対応する時間が短くて済む。
上手にセミナー運営やレクチャーができるスキルが必須。

講座説明会

講座のカリキュラムなど内容の説明を行い、その場でセールスをするか、講座後に個別相談でセールスを行う場合がある。

個別相談

一人ひとりとじっくり向き合い信頼関係を構築するのに向いている。
時間を作って予約枠をある程度用意する必要がある。

> **まどかの例**
> 私は講師歴が20年とキャリアが長くセミナーをする方が慣れているため、セミナー対応をすることが多いです！

UTAGEでは「イベント機能」を活用することでセミナー・個別相談をスマートに開催することが可能で

- 予約申込ページ
- リマインドメール
- 申込者の管理
- 成約状況の確認
- 成約しなかった人へのダウンセルオファー

などができ、お客様管理からオファーまでの一連の流れもオールイ

ンワンで対応できます。詳細はCHAPTER-6のSECTION1をご覧ください。

バックエンドのセールスとフロー

　バックエンドとはあなたの本命オンラインコンテンツ商品のことを指します。フロントエンドであなたのコンテンツを体験してから、バックエンド商品をセールスする手法は以下の流れになります。

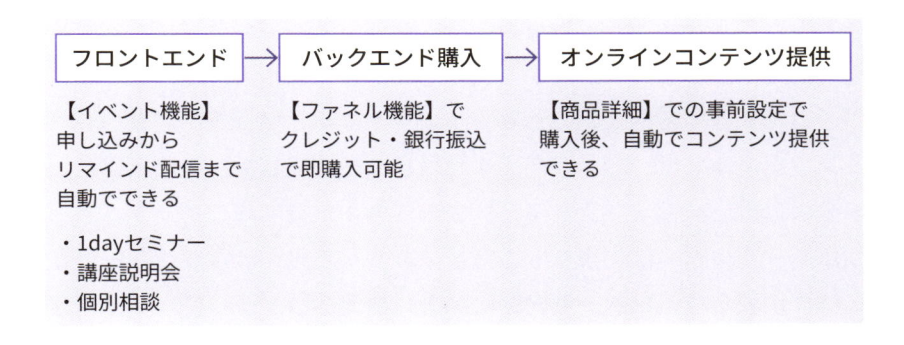

　UTAGEで、この流れのほとんどを自動化することができます。今までの私はこのすべてを手動で対応していたので、売れば売るごとに仕事が増えて大変な思いをしていましたが、今はUTAGEで自動化しているおかげで、

- 個別相談やセミナーを実施する
- 銀行振り込みでのお支払いだった場合、入金を確認する

　このたった2つの作業だけで済んでいます。
　ぜひみなさんもUTAGEで自動化をして、バックエンド販売までの流れをスマートにしましょう。

5

SECTION
02

オンラインコース販売に向いてる 4つのセールスファネル

数多くあるセールスファネルの中でもオンラインコンテンツ販売と相性が良く、実際売れているもの4つをまとめました。あなたに合うものを選びましょう。

知っておきたいセールスファネル

　どんなに良いオンラインコンテンツを作っても、お客様にしっかり届く形で販売をしていかないと売上を伸ばしていくのは難しいです。

　そこで知っておきたいのがセールスファネルという概念です。セールスファネルとは、顧客が商品やサービスを認知してから購入に至るまでの過程を、漏斗（ファネル）の形に例えた概念のことです。上部が広く、下に行くほど狭くなる形状は、多くの見込み客が認知段階から徐々に絞られていき、最終的に購入に至る人数が減っていく様子を表しています。

セールスファネルの主な段階

❶認知	**顧客があなたのコンテンツや商品の存在を知る段階** 例：SNS・ホームページ・ブログ記事・広告を見る
❷興味	**顧客が興味を持ち、詳細を知りたいと思う段階** 例：ウェブサイトを訪問し、商品説明を読む
❸検討	**顧客が購入を真剣に考えはじめる段階** 例：公式LINEやメルマガに登録したり、受講生レビューを読んだりする
❹行動	**顧客が購入を決断する段階** 例：商品を購入し、決済を完了する
❺再購入・推奨	**顧客が満足し、リピートしたり他人に推薦したりする段階** 例：商品に満足し、さらに次の商品を購入したり、SNSで感想を投稿したり周りの人に薦める

このセールスファネルからもわかる通り、お客様があなたのオンライ
ンコンテンツを欲しい！と思うまでには段階があります。それなの
に、SNSで事前告知もなくいきなり「○○講座を販売します！」とお
知らせを出したところで売れないのは当たり前です。お客様の心理状
態に合わせて段階的にアプローチをしていくセールスファネルを活用
して、効果的に販売をしていきましょう。

　ここではオンラインコンテンツ販売と相性が良い4つのセールスフ
ァネルを解説しますので、あなたのコンテンツやあなたのお客様と相
性が良いものを選んでみてください。
　はじめに、セールスファネルの解説に必要なマーケティング用語を
解説します。

・オプトイン

　オプトインとは、顧客が自らの意思で企業からの情報やサービスの
提供を受けることに同意し、メールマガジンやニュースレターの購読、
LINEの友だち追加など行うことです。オプトインを通じて得られた顧
客リストは、自発的な同意に基づいているため、マーケティング活動
の効果が高くなります。

・VSL（ビデオセールスレター）

　VSLは、商品やサービスの販売メッセージを動画形式で伝える手法
です。通常、15分から1時間程度の長さで、セールスレターの内容を
口頭で説明し、視覚的な要素を加えて構成されます。

・オートウェビナー

　オートウェビナーは、事前に録画されたウェビナー（セミナー）を
自動で配信するシステムです。ライブウェビナーの臨場感と相互作用
性を網羅しつつ、繰り返し再利用できる利点があります。

セールスファネル1　[オプト] - [個別相談] - [バックエンド]

　コンテンツ販売初心者や話をじっくりした方が成約につながりやすいジャンルのコンテンツに向いているファネルです。

ファネル例1.　[オプトイン]　→　[個別相談（審査なし）]

> **メールアドレスまたはLINEリストを取得**
> ↓
> **登録直後に個別相談オファー**
> ↓
> **個別相談に来た方にバックエンドをオファー**

　このファネルは、メールやLINE登録者へすぐに個別相談をオファーします。

　マンツーマンでじっくり話せるので、顧客の課題を深く理解し、信頼関係を築き、成約率を高められます。ただし、集客方法によっては顧客の質が変わり、成約率が下がることがあります。そんな時は、事前のヒアリングシートや、次に紹介する審査型の個別相談が効果的です。

このファネルがおすすめの方：オンラインコンテンツ販売初心者・スモールスタートではじめたい人・個別相談申込数を最大化したい人

> 初心者フェーズでは、どれだけたくさんの顧客ニーズを把握するかが大事なので、個別相談をたくさん行うことをおすすめします！汲み取ったニーズを今後のサービス向上に役立てられる機会になるのと、お客様との信頼関係を築けるチャンスがあるので大切に行いましょう！

ファネル例2. オプトイン → 個別相談（審査あり）

メールアドレスまたはLINEリストを取得

↓

登録直後に審査制個別相談オファー

↓

審査を通過した方に対して個別相談を行いバックエンドをオファー

メールや LINE に登録してくれた人の中でも、特に意欲的な人に個別相談をオファーする「審査型」のファネルも効果的です。

アンケート形式の審査フォームで悩みや課題をヒアリングすることで、お客様の本気度をチェックできます。結果として、質の高い顧客を獲得しやすく、リスクも抑えられます。

審査の手間は増えますが、個別相談に進む頃にはお客様の購入意欲も高まっているため、成約率アップに繋がりやすいです。

このファネルがおすすめの方：オンラインコンテンツ販売初心者・一定以上のレベルの顧客を獲得したい人、時間的リソースが限られている人・成約率を最大化したい人

> 私も高額講座を販売する際にはこのセールスファネルを取り入れており、マーケティング系の講座成約率は91％です。良いお客様に販売できたことで、その後の講座運営も非常にスムーズに。コミュニケーションが取りやすい関係になったので濃いサポートができ、実際3000万円売上実績を作れた受講生もいます。

セールスファネル2　［オプト］-［セミナー］-［バックエンド］

続いてセミナーを中心とした中上級者向けのセールスファネルです。

メールアドレスまたはLINEリストを取得

↓

登録直後にセミナーオファー

↓

セミナー開催時にバックエンドをオファー

　このファネルは、メールやLINEに登録した興味関心度が高い方に対してすぐにセミナーをオファーする流れです。セミナーは、個別相談よりも多数の方に参加してもらいやすい形態なので、あなたの商品や知識などの価値を多くの人に知ってもらえる機会になります。

このファネルがおすすめの方：オンラインコンテンツ販売中級者・個別相談申込数が多いが時間的リソースが限られている人・リスト数を多く持っている人

> 講師歴が20年ある私でも最初からセミナーは行いませんでした。個別相談に比べてセミナーはスピーキングスキルやスマートな進行ができるなどの「講師力」とある程度の人数を集める「集客力」が問われます。一方、人前で話すことに慣れている・ものおじしない人にはおすすめです！

セールスファネル3　［オプト］-［VSL］-［バックエンド］

　次は、広告を運用している中級者向けのファネルの例をご紹介します。

メールアドレスまたはLINEリストを取得

↓

登録直後にVSL視聴を促す

↓

VSLの中でバックエンドをオファー

　このファネルは、登録者へすぐにVSL（ビデオセールスレター）を視聴してもらい、商品を販売する仕組みです。セミナーや個別相談と違い、VSLが自動でセールスしてくれるので、手間を省きたい人にピッタリ！　ただし、ある程度のリスト数やSNSフォロワー、認知度が必要です。リストが少ない、認知度が低い場合は、VSL視聴前後にセミナーや個別相談を組み合わせる方が効果的ですよ。

このファネルがおすすめの方：オンラインコンテンツ販売中級者・リスト数を多く持っている人・広告を運用していてある程度のリストを取得できている人

> 多くのリスト数がないと有効活用しにくいですが、自動化をしていきたい人にはおすすめのファネル！セミナーや個別相談でも対応しきれないほど受講生が増えた方に提案しています！

セールスファネル4　［オプト］-［オートウェビナー］-［バックエンド］

　4つ目は、自動化をしたい中上級者向けのファネルの例をご紹介します。

メールアドレスまたはLINEリストを取得

↓

登録直後にウェビナー申し込みを促す

↓

ウェビナーの中でバックエンドをオファー

このファネルは、登録者へすぐにオートウェビナーを視聴してもらい販売につなげます。オートウェビナーが自動でセールスしてくれるので、手間を省きたい人に最適です！ただし、ある程度のリスト数やSNSフォロワー、認知度、そして質の高いウェビナーを作るスキルが必要です。

このファネルがおすすめの方：オンラインコンテンツ販売中級者・リスト数を多く持っている人・セミナーの申し込み数が多く頻繁にセミナーを開催できない人・毎日何かしらのセミナーを開催したい人

> 今の私がおさるマーケ大学で使っているメインのセールスファネルです！　旅行中でも毎日UTAGEで構築したオートウェビナーが配信され、しっかり説明を確認したやる気が高い方を受講生としてお迎えすることができているため講師が私1人でも、600名を超える受講生にも対応でき、高い満足度をいただいています！

複数商品がある人向け
トリップワイヤーファネル

SECTION
03

オンラインコンテンツ販売の中上級者向けで、複数商品がある人と相性がいいのがトリップワイヤーファネル。UTAGEがあれば複雑なファネルもラクに作成できます。

トリップワイヤーとは

　日本のオンラインコンテンツ販売で取り入れている人がまだ少ない手法ではありますが、複数商品を持っている・効率よくセールスをしていきたいと思っている人にはおすすめのファネルになります。

　そもそも「トリップワイヤー（Tripwire）」という言葉は「仕掛け線」という意味があり、オンラインコンテンツ販売に置き換えると、無料プレゼントや低額コンテンツなどを通したお客様にとって魅力的なメリットがある提案をした上で、もう1つ新しい提案を見せ、そこで興味を持ってくれた一部の人だけに、より高額な商品やサービスを提案するマーケティング手法を指します。

　この手法を取り入れたマーケティングを行うことでのメリットは大きく3つあります。

①顧客獲得コストの削減

　トリップワイヤーファネルを使って低価格で魅力的な商品やサービスを提供することで、お客様が気軽に購入しやすくなるため、通常のマーケティング手法よりも少ない費用でお客様を獲得できます。

②高いコンバージョン率

　低額コンテンツのオファーからスタートすることでお客様の「購買心理のハードル」を下げやすくなり最初の購入を促しやすくします。

127

一度低価格の商品を購入してもらうと、そのブランドやサービスに対して信頼を持ちやすくなり、結果としてその後の高価格な商品やサービスへのアップセルやクロスセルが成功しやすくなります。これにより、購入率（コンバージョン率）も高まります。

③LTV（顧客生涯価値）の最大化

トリップワイヤーファネルの目的は、単に最初の安価な商品を売るだけでなく、その後の継続的な売上を狙うことです。低額で魅力的なコンテンツを最初に購入したお客様はブランドとの関係を深めやすく、その後の高額商品やサブスクリプションモデルのサービスを購入してくれる可能性が高まります。その結果、顧客が生涯に渡ってもたらす利益（LTV）が大きくなるため、長期的な売上増加に繋がります。

さらにUTAGEの機能を使うことで非常にスムーズにトリップワイヤーファネルを活用したセールスを行うことができます。

詳しい設定方法はCHAPTER-8をご覧ください。

ワンクリック決済

1度クレジットカード情報を入力されたユーザーが続けてコンテンツを購入する際にカード情報の入力をしないで"ワンクリック"で購入できる便利な機能です。

立て続けにコンテンツを購入する場合、お客様の手間になるのは毎回クレジットカード情報を入力することになりますが、UTAGEではアップセルページにて、ワンクリック決済ができるボタン要素があるため、1度入力したクレジットカード情報が次回の購入時にも反映され、情報入力の手間をなくしてスマートに購入ができる機能があります
※ワンクリック決済はオーダーバンプ商品には対応しておらず、通常商品（非オーダーバンプ商品）の1商品のみが決済対応となります。
決済情報は、フロントエンド商品購入時に得た情報が利用されます。

5

SECTION
04

LPの構成を決め 構成要素を準備する

ランディングページ構成をどうやって作ればいいのかわからない！という方に向けて、顧客心理に基づいた基本的なLPの構成要素について解説します。

オプトインLPの構成と作成のポイント

オプトインLPとは、SNSや広告などからメール・LINEに登録してもらうためのページです。心理学も取り入れながら「登録したい！」と行動してもらえるページを作りましょう。オプトインLPの構成要素は以下の7つです。作成ポイントとともに解説します。

1.ヘッドライン（キャッチコピー）

ヘッドラインとはLPに訪れたユーザーが最初に目にする部分であり、ユーザーの興味関心を惹きつけ、読み進めてもらうための最も重要な要素となります。そのためターゲットユーザーの悩みや願望を明確に表現し、共感を呼ぶ言葉を選ぶようにしましょう。

> 例：「もう悩まない！〇〇で人生を変える方法」
> 　　「初心者でも大丈夫！〇〇で最短で結果を出す秘訣」

2.サブヘッドライン

サブヘッドラインとはヘッドラインを補足し、より具体的な情報を提供するためのものでヘッドラインで惹きつけ興味関心をさらに深め、読み進める動機を与える要素となります。

> 例：「たった3ヶ月で〇〇を達成！具体的なステップを公開」
> 　　「〇〇の専門家が、あなたの悩みを解決します！」

3.ボディコピー

　ボディコピーとは商品やサービスの価値、メリット、特徴などを詳しく説明するための要素です。ユーザーの抱える問題点や課題を明確化し、その解決策を配信する場としてLINEメール登録を提案するきっかけを提示します。

> 例：ストーリー、実績、お客様の声などを効果的に活用し、説得力を高める。

4.オファー（無料プレゼント）

　オプトインLPにおけるオファーとは、ユーザーが知りたい情報のプレゼントを通して、LINEやメールアドレス登録を促すことです。

> 例：電子書籍、PDFレポート、動画講座、チェックリスト、テンプレートなど

5.登録フォーム

　ユーザーがメールアドレスを入力するフォームやLINE登録ボタンのことです。ここでのポイントは入力項目を必要最低限に絞り込み、シンプルで見やすくすることです。またLP上にプライバシーポリシーへのリンクを設置し、個人情報の取り扱いについて明記することも忘れずに行いましょう。

6.行動喚起（CTA：Call To Action）

　Call To Actionとは、ユーザー、LPへの訪問者を具体的な行動に誘

導することを指し、ユーザーに登録を促すためのボタンやテキストの提示を意味します。目立つデザインと明確なメッセージで、クリックしたくなるように誘導することが登録率を上げるポイントです。

> 例：「今すぐ無料でダウンロード」「LINE登録はこちら」
> 「限定特典をゲットする」

7.信頼要素

　商品やサービス、そしてあなた自身に信頼性を感じることができないと、手間や時間を使って登録したい・購読したい心境にならないためオプトインLP上でも信頼要素を提示する必要があります。具体的には、あなたの実績、お客様の声、メディア掲載情報、資格、プロフィールなどを掲載します。

> 例：「講師歴20年」「日本一受講者が多いUTAGE講座の主催」

個別相談・セミナーLPの構成と作成のポイント

　ここでは、お客様の心を掴み、申込が殺到するセミナー・個別相談LPの構成要素と、具体的な作成のコツをご紹介します。

1.惹きつけるヘッドライン（キャッチコピー）

　ヘッドラインはLPを訪れたユーザーが最初に目にする部分になり、ここでいかに読者の興味関心を惹きつけ、読み進めようと思えるかの鍵を握る部分なので、ワードチョイスが非常に重要になります。

ワードチョイスの例

- 自分に当てはまる！　と認識できるぐらいターゲットユーザー

の悩みや願望を明確に表現する

- 「【無料】あなたの悩みを徹底分析！○○の専門家による個別相談」というように、セミナー・個別相談で得られる具体的なベネフィットを提示する
- 「先着5名まで」「5,000円のところ今回限定で無料」といったように数字や限定性を活用し、特別感を演出する

2.興味を深めるサブヘッドライン

サブヘッドラインはヘッドラインを補足し、セミナー・個別相談の内容を具体的に示すための部分です。

サブヘッドラインの例

- 「○○で失敗する人の共通点とは？成功するためのステップを分かりやすく解説！」といったようにセミナー・個別相談で解決できる具体的な問題点を提示する
- 「○○の経験豊富なコンサルタントが、あなただけの成功プランを提案します。」といったように講師の専門性や実績をアピールする
- 視認性がいいボタンを設置した上で、申込方法を簡潔に示す

3.納得と共感を呼ぶボディコピー

ボディコピーはセミナー・個別相談の詳細な内容、参加メリット、講師紹介などを記載し、ユーザーの理解と共感を深めるための部分です。

ボディコピーの例

- 「こんな問題抱えていませんか？」ユーザーの抱える問題点や課題を掘り下げ共感を得る
- 「このセミナー・個別相談に参加することでこの情報が手に入り

ます」セミナー・個別相談で得られる具体的なベネフィットを、ストーリーや事例などを交えて説明する

- 「講師歴20年・受講生から"わかりやすい"と多数感想が寄せられる講師が担当します」講師の専門性、実績、人柄などをアピールし、信頼を得る

4.申込へのハードルを下げる要素

「興味はあるけど申し込むのは悩む」と感じている読者が考える申込に対する不安や疑問を解消し、行動を後押しするための要素を提示します。

行動を後押しする例

- よくある質問（FAQ）を設け、事前に疑問を解消する
- 参加者の声や感想を掲載し、安心感を与える
- 限定特典や早期割引など、お得感を演出する

5.行動を促す行動喚起（CTA）

個別相談やセミナーへの申込を促すためのボタンやテキストを設置します。

申込を促す例

- 視認性がいいデザインと簡潔なメッセージで、クリックしたくなるように誘導する
- 「先着5名様で終了します」緊急性や限定性を強調し、今すぐ行動する必要性を訴求する

6.信頼感を高める要素

最後に申込LP全体の信頼性を高め、ユーザーに安心感を与え申込に繋げます。

信頼性と安心感を与える例

- 運営会社情報、プライバシーポリシーなどを明記する
- 企画や活動への想いやこだわり、読者に向けたメッセージを記載する

バックエンドLPの構成と作成のポイント

　ここではオンラインコンテンツ販売において、購入が殺到するバックエンドLPの5つの構成要素と、具体的な作成のコツをご紹介します。

1.ヘッドライン（キャッチコピー）

　ヘッドラインはLPを訪れたユーザーが最初に目にする部分になります。自分に当てはまると思えるバックエンド商品の必要性や魅力で顧客の心を掴み、読み進めるモチベーションを高めましょう。

ヘッドラインの例

- 講座1番のセールスポイントや意外性を入れる
- 「40代サラリーマン向け！」といったようにターゲットの属性を入れる

2.サブヘッドライン

　サブヘッドラインはヘッドラインと連携して働き、訪問者がページ上でアクションを起こす理由を強調するために希少性や権威性を提示します。

サブヘッドラインの例

- 「○○の専門家だけが知る、○○の秘訣を伝授する講座」
- 「限定10名！○○による個別コンサルティング」

3.ボディコピー

　バックエンド商品の詳細な内容、メリット、特徴などを説明し、受講の必要性やお客様の理解度を深めるパートです。お客様の不安や疑問を予測し、解消する情報を盛り込むと効果的です。

ボディコピーの例

- **カリキュラム・期間・価格・提供方法・受講方法・申込の流れ・よくある質問集など**

4.価値を高める付加要素

　商品の魅力を高め、申込のきっかけ作りや意欲を刺激できる内容の提示を行い、購入のきっかけを提供しましょう。

価値を高める例

- **受講特典・期間限定・数量限定オファー・受講者の声や対談動画など**

5.行動を促す行動喚起（CTA）

　お客様に購入を促すためのボタンやテキストを挿入します。目立つデザインと簡潔で重要性が伝わるメッセージでクリックしたくなるように誘導するのがコツです。

行動を促す例

- **「今すぐ申し込む」「限定特典をゲットする」「詳細はこちら」など**

メール・LINE配信設計と設定

5

オンラインコンテンツを販売する上で欠かせないメールやLINEが配信できるよう、UTAGEでの設定方法を確認しましょう。

これまでは、メール配信ツールとLINE拡張ツールは別のものをそれぞれ契約して使うことが一般的とされていました。しかし、UTAGEはメール・LINE共に配信することができるため、管理の手間とコストを両方カットし運用しやすいのが魅力です。

その魅力を最大限に活用するためには、運用する上でアカウントやシナリオの設計の仕方がポイントとなります。ここでは、アカウントやシナリオを作成する前のポイントを押さえておきましょう。

アカウント設計

UTAGEで配信アカウントを作成する際は、目的に応じてアカウントを分けることがおすすめです。具体的には以下のような単位で分けると運用が効率的になります。

- 事業ごと
- プロジェクトごと
- 会社ごと

例えば、まったく異なる事業やプロジェクトを同じアカウントで管理すると、顧客層や配信内容が混在し、メッセージのターゲティングが難しくなります。それぞれの目的に応じて配信アカウントを分けることで、顧客のニーズに合わせた配信が可能になります。

一方で、1つの配信アカウント内では、メールやLINE配信を統一して管理することが重要です。たとえば、「情報配信用」と「購入用」でアカウントを分けると、顧客情報が分断され、「このお客様がいつ登録し、いつ購入したか」という一連の流れが追えなくなります。

　これにより、顧客管理が非効率になってしまう可能性があります。

　また、UTAGEでは公式LINEアカウントとの連携が「1つのLINE配信アカウント」に限定されているため、アカウントを統一しておくことで、管理や運用の手間を省くことができます。

　つまり、事業ごとやプロジェクトごとに配信アカウントを分けつつ、その中では1つのメール・LINE配信アカウントにまとめて顧客管理を行うことで、運用の効率と顧客体験の質を両立させることができます。

シナリオ設計

　シナリオとは、目的に合わせた配信メッセージを格納するフォルダのようなもので、1つのアカウントの中に複数シナリオを作って運用します。1つのアカウントの中に

- オプトイン
- 個別相談リマインダ
- バックエンド購入者

　といったようにセールスファネル上の目的に合わせてシナリオを作成しておくと、どのシナリオに何人遷移しているかの数値が、ひと目で把握しやすくなります。

アカウント・シナリオ作成手順と登録経路

■ アカウント作成手順

01 上メニューの［メール・LINE配信］をクリックし［+追加］ボタンをクリックします。

02 アカウントの種類の選択とアカウント名を記入します。
・メールのみ配信する場合には「メールのみ」
・LINEのみ配信する場合には「LINEのみ」
・メール、LINE両方配信する場合には「メール・LINE併用」を選択します。

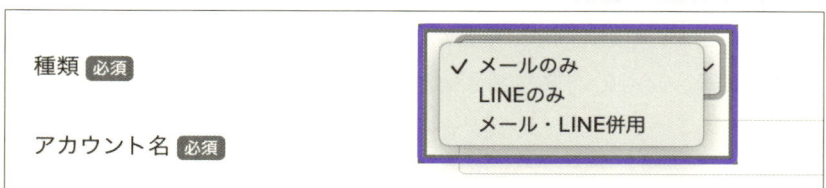

※アカウント名は、忘れてしまわないように1年後の自分が見ても何のアカウントかわかるアカウント名をつけましょう。

■ シナリオグループ作成手順

　シナリオグループはシナリオをグループ分けして管理するための機能です。プロジェクトごとにグループを分けたり、商品販売とシナリオを連携させている場合に、商品ごとにグループ作成をすると管理しやすくなりますので、ぜひ活用しましょう。

01 上メニュー［メール・LINE配信］からシナリオを作りたいアカウントをクリックして選びます。

02 ［グループ管理］ボタンをクリックします。

03 ［グループ追加］をクリックします。

04 ［名称］にグループ名を入力後［保存］をクリックします。

■ グループ名変更方法

01 追加方法と同じく［メール・LINE配信］からアカウントを開きます。

02 ［グループ管理］ボタンをクリックします。

03 シナリオグループ一覧から名前を変更したいグループをクリックします。

04 名前を変更し、［保存］ボタンをクリックします。

05 「更新しました」とメッセージが表示され、変更したグループ名で一覧に表示されましたら変更完了です。

■ シナリオ作成手順

01

［シナリオ管理］画面上で［追加］をクリックします。

02 シナリオグループを選択し、管理用シナリオ名を入力し［保存］をクリックします。
管理用シナリオの名称も1年後の自分が見たときに何のシナリオかわかるような管理名がおすすめです。管理用シナリオ名は、顧客に見られないので管理しやすい名称にしましょう。

01 シナリオ名を変更したいシナリオを開き、左メニューの［シナリオ設定］をクリックします。［シナリオ基本設定］に［管理用シナリオ名］が表示されるので、任意のシナリオ名に変更します。

02 ［管理用シナリオ名］を変更したら、下までスクロールし、［保存］ボタンを押下します。

アクション設定

　アクション設定とは、一斉送信、ステップ配信、リマインダー配信などの配信時に仕掛けが行える機能です。ここを使いこなすことで、より細やかにターゲットを分類した配信を自動で行えるようになります。

■ 便利なアクション設定の機能

　顧客管理や自動化に役立つ、便利なアクション設定機能も活用しましょう。

シナリオ遷移：別のシナリオへ自動登録、または配信停止。ステップ配信終了後、日刊メルマガ配信へ統合する際に便利です。

LINE：メッセージ、テンプレート送信、リッチメニュー変更ができます。

ラベル変更：顧客の属性に応じてラベルを自動追加。購入有無でセグメントを分けて配信するなど、顧客管理に役立ちます。

Googleスプレッドシート：顧客データをスプレッドシートに自動記録。データ分析などに活用できます。

Webhook：外部サービスと連携できます。

バンドルコース：会員サイトのバンドルコースへ自動登録、停止がで

きます。

継続課金停止：指定した商品の継続課金を停止。同一メールアドレスで商品購入履歴がある場合のみ利用可能です。

これらの機能をうまく活用して、効率的な顧客管理を実現しましょう！

■ アクション設定の作成手順

01 上メニュー［メール・LINE配信］から［アカウント一覧］より、利用するアカウントを選択します。

02 左メニュー［アクション管理］を開き［追加］をクリックします。

03 管理用名称やアクションの内容を入力・設定し［保存］をクリックします。
・管理用名称：アクション名を入力します。
・種類：選択します。
※選択した内容により画面が切り替わるので、それぞれ必要事項を入れます。

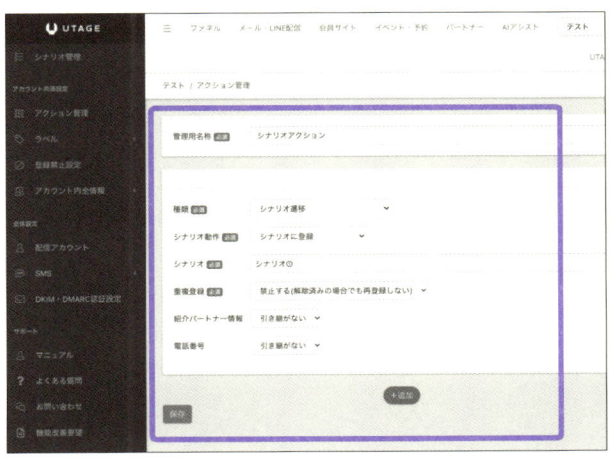

04 ［保存］をクリックします。

作成したアクション設定は、シナリオの必要箇所で利用します。

■ アクション設定利用方法

メール送信時にアクションを設定する場合

　各メール内容編集時に「送信後に実行するアクション」項目で設定
することができます。

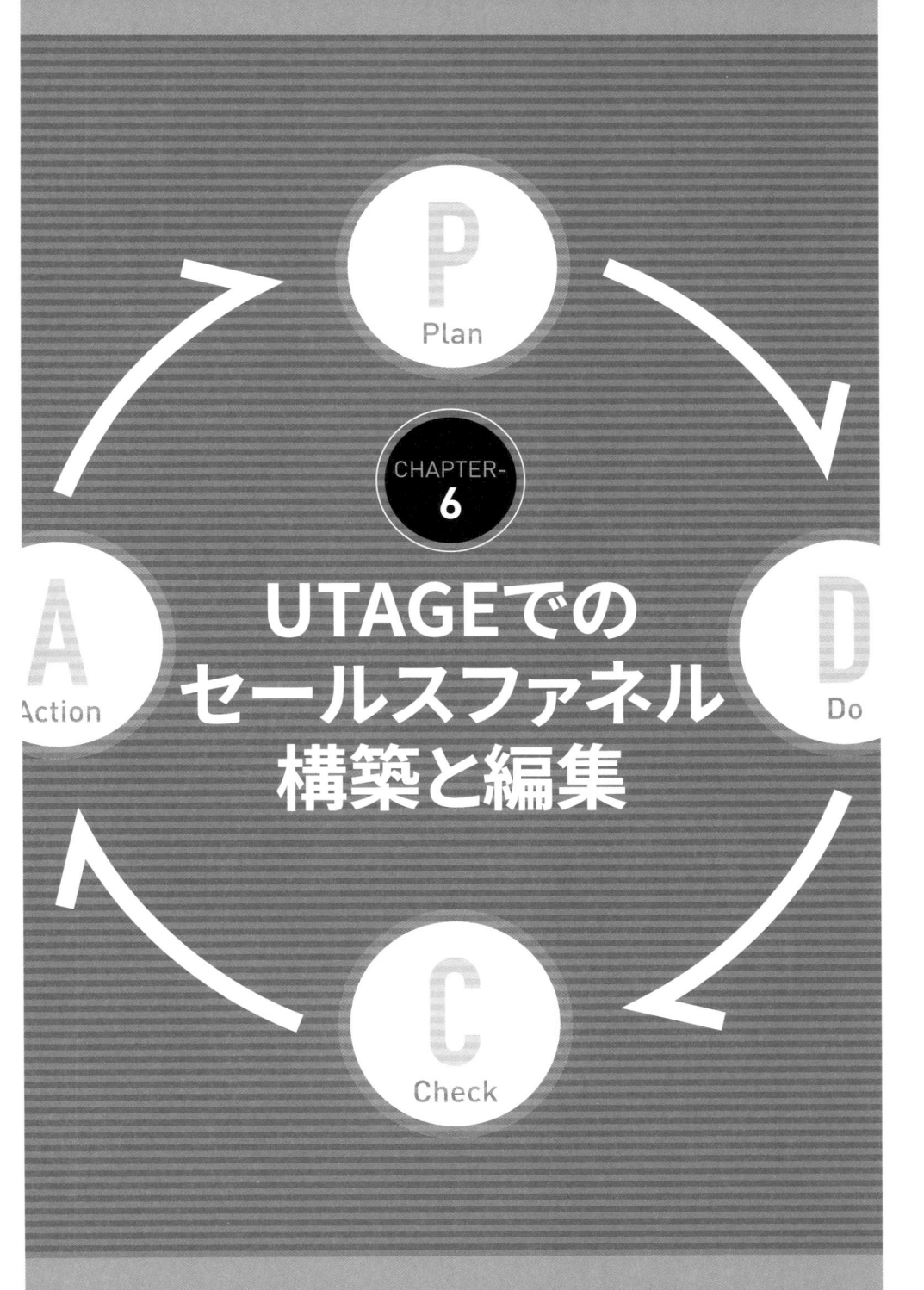

CHAPTER-6

UTAGEでの
セールスファネル
構築と編集

6
イベント構築

オンラインコンテンツの体験や説明、セールスを行うためのセミナーや個別相談の受付や予約管理をまとめて行えるのがイベント機能です。かなりの作業を自動化できます。

UTAGEのイベント機能は、バックエンド商品の販売に向けてのセミナー・説明会・個別相談などのイベント開催におけるさまざまな事務作業を自動化できる機能です。

- 各開催日程ごとに指定した定員に合わせて申込の締切をする
- 開催日に合わせてリマインダメールにて案内を送信する
- 申込者の管理などの作業を自動化する

などスケジュール管理や申込者へのご案内、リマインドがすべて自動化されて、イベント開催がとてもスムーズにできる優れものです。
早速イベント機能を使って、個別相談やセミナーを開催する準備をしましょう。

イベント新規作成の基本手順

01 上メニュー［イベント・予約］を選択し［イベント一覧］の［＋追加］をクリックします。

02 イベントの内容を入力し、左下の［保存］をクリックします。

イベント設定の基本項目を説明します。セミナー/説明会と個別相談/個別予約の2タイプがあり、それぞれ設定項目が異なります。詳細は次のセクションで解説します。

リマインダ配信をする場合は、「する」を選択し、連携配信アカウント、送信者名、送信者メールアドレス（ドメインメールアドレスのみ）を設定します。リマインダ配信を「する」に設定すると、自動でリマインダ配信用シナリオが作成されます。詳細は「リマインダ設定」セクションで解説します。「しない」を選択した場合、リマインダ配信用シナリオは自動生成されず、予約後の自動返信メールなどは配信されません。

セミナーの作成手順

01 上メニュー［イベント・予約］を選択し［イベント一覧］の［＋追加］をクリックします。

02 イベントの内容を入力し、種類は［セミナー・説明会］を選択し、左下の［保存］をクリックします。

03 イベント一覧から作成したセミナーの名前をクリックして開きます。

個別相談作成手順

01 上メニュー［イベント・予約］を選択し［イベント一覧］より［＋追加］をクリックします。

02 イベントの内容を入力し、種類は［個別相談・個別予約］を選択し、左下の［保存］をクリックします。

03 イベント一覧から作成したセミナーの名前をクリックして開きます。

04 左メニュー［日程設定］をクリックし、設定していきます。

※運用上の注意点

　個別相談の開催前後の確保時間を設定する際は、注意が必要です。

0分以外を設定すると、確保時間分、前後の予約枠も消費されます。

例えば、所要時間30分、開催前後の確保時間5分の場合、10:30〜11:00の枠を予約すると、10:00〜10:30と11:00〜11:30の枠も予約できなくなります。前後の枠を消費したくない場合は、確保時間を0分に設定してください。

予約枠の間隔を15分などに設定すると、申込者の選択肢を増やすことができます。

05 左メニュー［担当者設定］をクリックし、担当者を設定します。

※担当者のGoogleカレンダーとZoomアカウントを連携しておくと便利です。Googleカレンダーの空き時間を自動で抽出し、個別相談の予約可能日程として反映します。Zoom連携時は、予約ごとに専用の参加URLが自動生成され、案内メールに記載されます。また、メール通知設定とチャット通知設定を利用すれば、申込やキャンセルの通知を受け取れます。

06 担当者を設定したら［日程設定］に戻り、担当者に設定した名前が入っていることを確認し、担当者を選択します。担当者は複数設定することができます。

07

何曜日の何時から何時まで受付をするのか設定します。
［追加］ボタンより各曜日ごとに複数の時間帯を設定することも可能です。
例）平日は10：00-18：00で受付（12：00-13：00は休憩）

08 祝日の開催を『開催する』『開催しない』より選択します。

09 日程の表示期限を選択します。
［期間を指定］した場合、［期間］（何月何日から何月何日まで）と［予約締切］を
設定します。
※Googleカレンダーと連携させた場合はスケジュールが空いているところが自動
で抽出されます。Googleカレンダーの予定の管理に注意しましょう。

10 予約枠の間隔を設定します。
［自動］は「所要時間」に応じて予約枠が作られます。15分刻みにすることで、申
込者の選択肢を増やすことができます。

11 各種設定が完了したら［保存］ボタンを押して保存してください。

自動リマインダ配信の確認

　イベント作成時にリマインダ配信を「する」を選択すると、自動で
リマインダ配信用シナリオが作成されます。自動作成されたメールを
そのままでも十分使えますが、メッセージの内容を工夫することで、
セミナーの出席率や参加者のモチベーションを上げることもできます。

147

上メニューの［イベント・予約］からイベントを開き、左メニューの［リマインダ配信］をクリックすると自動生成されたメールを確認できます。

　デフォルトで以下のリマインダ配信が作成されていて、本文もデフォルトで設定してありますので、そのまま送信することができます。

LINEリマインダ配信の設定

　メールでのリマインダ配信は予め「リマインダ配信をする」設定をしていれば、自動送信されますが、LINEでもリマインダ配信を行いたい場合には、別途設定が必要となります。

01 上メニュー［メール・LINE配信］からアカウントを開き、［シナリオ管理］より、自動生成されたシナリオをクリックします。
※アカウントの種類が「メールのみ」の場合は対象アカウント＞操作メニュー＞編集にて「メール・LINE併用」に設定変更して下さい。

02 左メニュー［リマインダ配信］を開き［LINEメッセージ追加］をクリックします。

03 自動生成されたメールの本文をコピーして同じ内容のLINEメッセージを作成していきましょう。
※基準日、送信のタイミング設定は「イベント参加日時」を起点としてリマインド送信を行います。自動生成されたメールを参考に設定します。

04 作成したら［保存］ボタンをクリックします。

05 「保存しました」とメッセージが表示され、設定したリマインダが配信一覧に表示されます。

■ コピーでのメッセージ複製方法

　1度作成したリマインド配信メッセージをコピーすることで簡単にリマインドメッセージを複製できます。

01 コピーしたいLINEメッセージの右端［⋮］のメニューから［コピー］をクリックします。

02 メッセージが表示され、一覧に選択したLINEメッセージ＋日付連番のLINEメッセージが表示されたらコピー完了です。

03 コピーしたメッセージ内容の変更と、送信のタイミング（配信スケジュール）を変更して保存しましょう。

■ 日程変更の場合のリマインダ配信の設定

お客様の予約日時を変更する場合の設定方法について解説します。

01 該当者の［⋮］より［日程変更］をクリックします。

02

別タブが開き、日程変更用のカレンダーが表示されるので、アドレスバーに表示されたURLをコピーして個別にご案内してご対応ください。

※日程変更URLは個別に発行していますので、同じURLを日程変更URLとして使い回すことはできません。必ず個別にご対応ください。

03 日程変更が完了したら、参加状況が［キャンセル（日程変更）］と代わり、新しい申込者として追加されます。

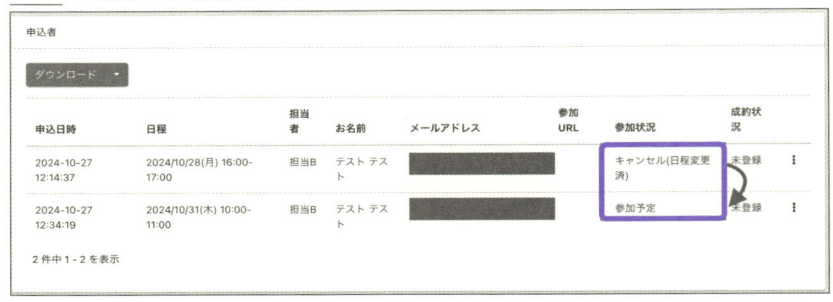

　リマインダ配信は、既存の日程から削除（解除）され、新規で変更後の日程に追加されます。リマインダ用シナリオの読者一覧から確認できます。

参加者管理（申込状況・キャンセル）

■ 申込者一覧の確認方法

01 ［イベント・予約］から該当イベントを開き［申込者］をクリックします。申込フォームから申し込んだ申込者の一覧を確認できます。

■ イベント申込者情報から読者詳細を確認する

　イベント申込者情報から、リマインド配信用シナリオの読者詳細を確認することができます。

01 該当イベントの［申込者］をクリック申込者の名前をクリックします。

02 申込者情報から［読者詳細］ボタンをクリックします。

■ 申込のキャンセルの方法

個別面談の予約のキャンセルや日程変更をすることができます。

01 該当イベントの［申込者］よりキャンセルまたは日程変更したい該当者をメールアドレス等で絞り込みします。

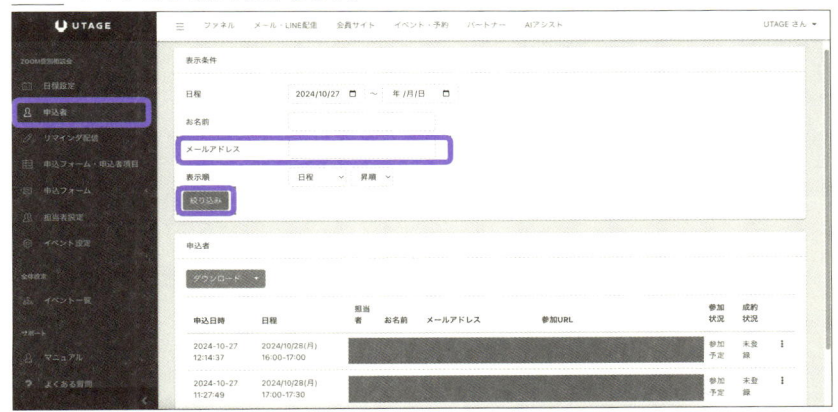

02 該当者が表示されたら右側の［︰］をクリックし、［キャンセル］をクリックします。

■ セミナー参加者日程変更の方法

01 該当イベントの申込者一覧を表示します。

02 申込者一覧の右側の［︰］をクリックし、［参加日程変更］をクリックします。

03 変更先日程を選択して［保存］をクリックします。
※イベントに設定してある別日程が選択肢として表示されます。

04 申込者一覧にて変更状況が状況が確認できます。
申込者の登録が、既存の日程はキャンセルとなり、新規で変更後の日程に追加されます。

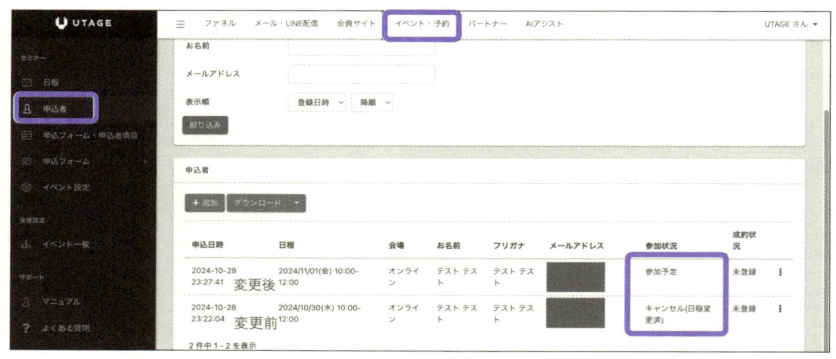

・リマインダ配信が、既存の日程から削除され、新規で変更後の日程に追加されます

イベント申込フォーム（2つの方法）

　設定したイベントの申込フォームの表示方法は2パターンありますので、目的に合わせて活用しましょう。

■ 簡易申込ページ

01 上メニュー［イベント・予約］から該当イベントを開き、左メニュー［申込フォーム］-［申込フォーム］をクリックします。

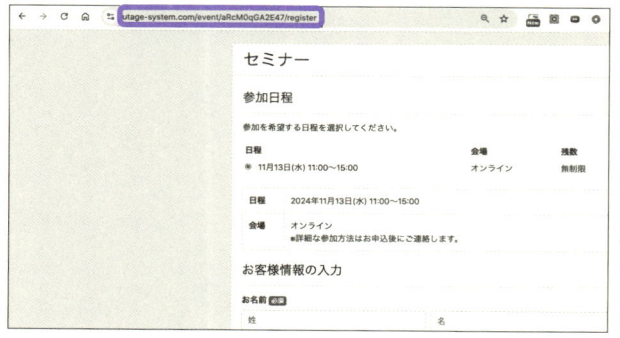

02
表示された申込フォームのURLを対象者に配布する

■ ファネル機能と連携したフォーム

01 上メニュー［ファネル］から［ファネル一覧］より設定するファネルをクリックするか、新しいファネルを作成する場合は［+追加］をクリックします。
ここでは、新しい空白のファネルを追加して解説します。

02 ［ページ］よりイベント要素を追加するページの［編集］をクリックします。

03 ページ編集画面にて［イベント：申込フォーム］を追加したい場所の［青＋］をクリックします。

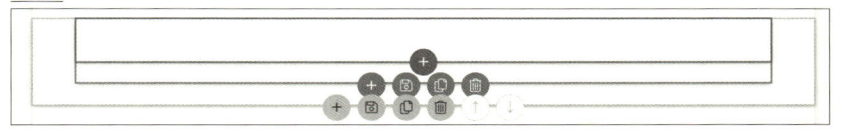

04 ポップアップ表示内にて［イベント：申込フォーム］をクリックします。

05 編集画面に申込フォームを挿入後、左メニュー［連携イベント］で、事前に作成済みのイベントを選択します。イベント設定で追加済みの日程情報がページに表示されます。

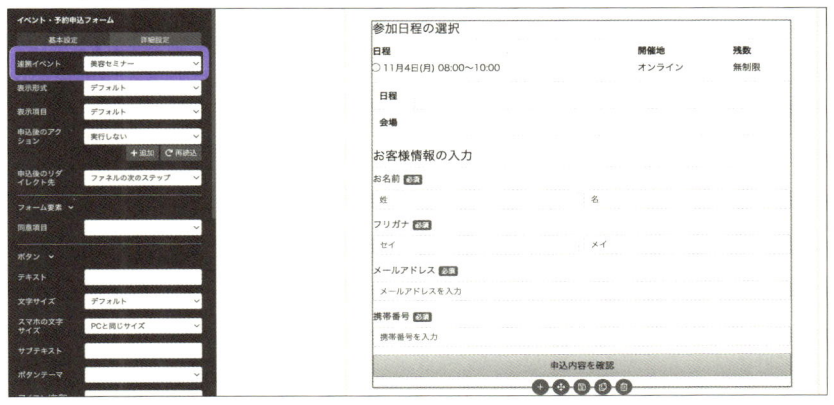

153

6 商品登録

SECTION 02 使うセールスファネルやオンラインコンテンツが決まったらUTAGE上で商品登録をして購入の仕組みを構築しスムーズな導線を作りましょう！

購入後シナリオの作成

　オンラインコンテンツを購入されたお客様にお知らせするメールシナリオを作成します。具体的なシナリオ作成手順はCHAPTER-5にて解説していますので、ここではどんなメッセージ内容にするか解説します。

　購入直後のメールには以下の項目をいれ、購入者のモチベーションを上げるような一言も添えましょう。

- 購入のお礼
- 会員サイトのお知らせ
- トラブルの際の連絡方法

　このメールを読めば、すぐに購入したコンテンツが使えるよう、必要な情報を盛り込みます。商品登録の際に、このメールが自動配信されるよう設定しておくことで、購入からご案内までを完全自動化できます。

商品登録の操作手順

　販売する商品を UTAGE に登録しましょう。

01 上メニュー［ファネル］から左メニュー［商品管理］をクリック。

02 ［+商品追加］をクリックします。

03 ［商品名］［重複購入］を入力、設定して［保存］をクリックします。

※「商品名」は管理上の名称です。「重複購入」を「禁止する」に設定すると、過去に購入のあるメールアドレスでは再購入できません。例えば、一括購入済みの場合、分割購入はできません。

04 「保存しました」メッセージと、追加された商品が［商品管理］ページの管理名称に表示されます。

05 追加した商品をクリックし［商品詳細（価格ラインナップ）］が表示されたら［+追加］をクリックします。

名称	
支払方法	クレジットカード払い
決済代行会社	Stripe
決済連携設定	デフォルト
支払回数	一回払い
金額	円
オーダーバンプ商品	● 通常商品(非オーダーバンプ商品) ○ オーダーバンプ商品
連携フォームへの表示	表示する □ 連携フォームでの表記を指定する □ 販売期間を指定する
領収書の品名	指定しない場合、名称が品名として表示されます

06 各項目を入力・設定し［保存］をクリックします。

名称：商品名を入力します。

決済種別：設定済みの決済連携先を選択します。価格設定は同一の決済代行会社で行う必要があります。異なる会社を混在させると決済

フォームが正しく動作しません。

支払回数：一回払い、複数回払い・分割払い、継続課金のいずれかを選択します。UnivaPayで審査通過済みの場合、分割払いオプション（購入者は分割払い、販売者には一括入金）が利用可能です。

金額：商品金額を入力します。

オーダーバンプ商品：オーダーバンプ商品かどうかを選択します。（設定方法はCHAPTER-8を参照）

連携フォームへの表示：「表示する」場合、商品名と価格の表示内容、表示オプション（連携フォームでの表記指定、販売期間指定）を設定できます。「表示しない」を選択すると商品はアーカイブ状態になります。

購入後に登録するシナリオ：購入後に登録するシナリオを選択します。

購入後に開放するバンドルコース：購入後に開放するバンドルコースを選択します。コース単体の指定はできません。1コースのみ開放したい場合は、そのコースのみを含むバンドルコースを作成してください。

購入後のアクション：設定済みのアクションを実行できます。

通知先メールアドレス：購入通知メールの送信先メールアドレスを指定します。

07 各項目を入力・設定し［保存］をクリックします。

次はいよいよ、作成した商品を購入してもらうためのファネルページを作成していきましょう。

6 ファネルページの制作

UTAGEでLPを作成する上での基本的な操作方法や概念を
お伝えします。ここを理解するとサクサクページを作成
することができるので操作しながらマスターしましょう。

ファネルページの操作の基本セクション・行・要素

　オプトインLPやオンラインコンテンツ販売LPなど、リスト獲得か
ら販売ページなどあらゆるページはUTAGEのファネル機能を使って作
成していきます。

例
・オプトインページの作成（メールアドレス登録/LINE登録）
・商品販売（カード決済）
・自動ウェビナー
・プロモーション用動画視聴ページ
・イベント（セミナー形式/個別相談形式）申込ページの作成
・任意のページ作成（特定商取引法の表記/プライバシーポリシーペー
　ジ等）

　UTAGEは多機能な分、階層が深いです。ファネル操作をする上で覚
えておきたいページの見方をお伝えします。

■ セクション・行・要素

　UTAGEでファネルページを編集する際に表示されている3色の枠は

黄色：セクション

緑：行

青：要素

といいファネルページの内容を作成する上でよく使う機能です。

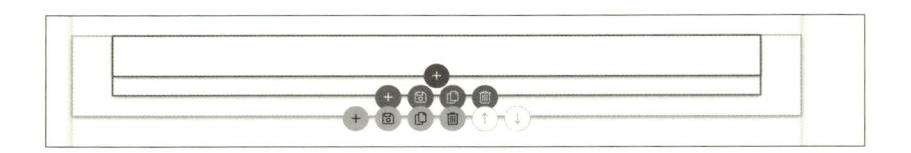

■ ページにセクション（黄色枠）を追加する

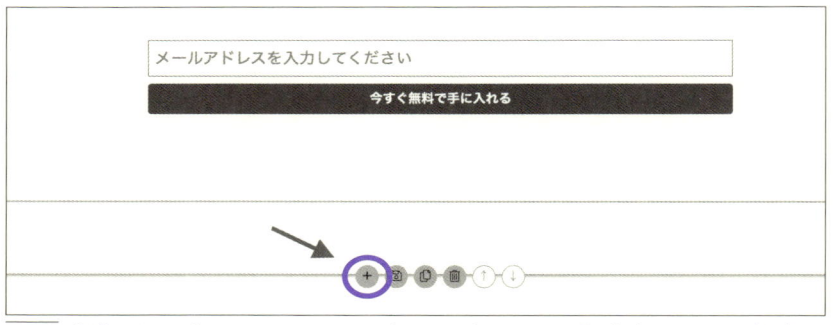

01 編集したいブロックにカーソルを合わせ、表示される［＋］（セクション追加）を
クリックする。

02 ポップアップ表示され「1列・2列・3列・4列」から選択できます。

03 3列設定の行があるセクションが追加されます。枠線や背景色は左側の装飾メニュ
ーで変更できます。

またセクションでは画像をアップロードして背景画像を設定するこ
ともできます。

■ ページに行を追加する

01 編集したいブロックにカーソルを合わせ、表示される［＋］（行追加）をクリックする。

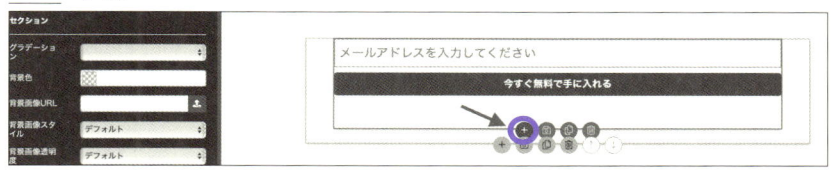

02 ポップアップ表示され「1列・2列・3列・4列」から選べます。
※今回は「3列」を選択します。

03 列ある行が追加されます。枠線や背景色の変更は左の装飾メニューにて編集できます。

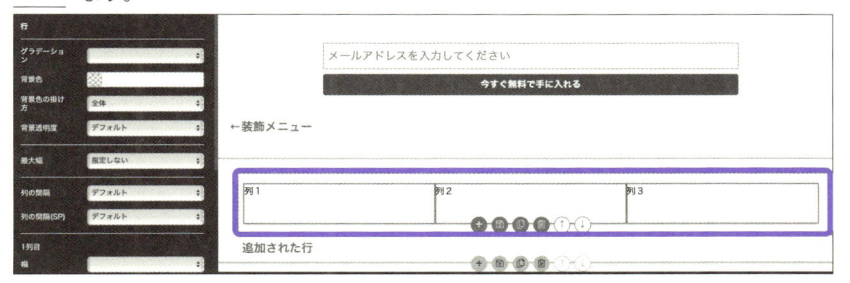

■ スマホの表示列

　列を複数行にした場合の、スマホ表示を縦に並べるか、横に並べるかを選択できます。

横に並べる

縦に並べる

■ ページに要素を追加する

　ファネルページを作成する上で一番利用するのが要素です。
　目的に合わせて要素を組み合わせて挿入しファネルページを作成し
ましょう。

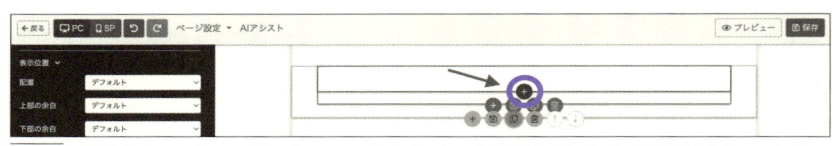

01 編集したいブロックにカーソルを合わせ、表示される［＋］（要素追加）をクリックします。

02

表示された要素から使
うものをクリックして
挿入する

■ 表示端末

　セクション、行、要素のすべてで表示端末を選択することができます。PCとスマホで画像を変えたい場合などにご利用頂けます。デフォルトでは、「PC/スマホ両方」で表示されるようになっています。

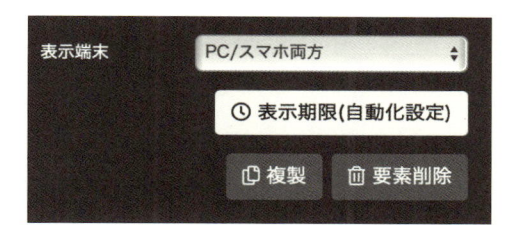

- PC/スマホ両方：PC、スマホ両方で表示されます（デフォルト）
- PCのみ：PCのみで表示されます
- スマホのみ：スマホのみで表示されます
- なし（非表示/ページ上から要素をなくす）：非表示となり、ページ上からも要素がない状態となります
- なし（非表示/内部的に要素を配置）：非表示となりますが、ページ上では要素が配置された状態となります

テンプレートの導入

　UTAGEには目的別に作られたさまざまなファネルテンプレートが用意されています。このテンプレートは1クリックで導入でき、画像や文章などを変更するだけで簡単にあなたオリジナルファネルを作ることができます。

　ここではファネルテンプレートの導入方法を解説します。

01 上メニュー［ファネル］を選択し［ファネル一覧］の［＋追加］をクリックします。

02 お好きなテンプレートの［詳細］をクリックします。

03 テンプレート内容を確認し［このファネルを追加する］をクリックします。

04 「追加しました」メッセージと、追加されたファネルが一覧に表示されます。

■ ファネルページの並び替え

01 ファネルページ左下にある［表示順変更］をクリック。

02 移動させたいファネルページをドラック＆ドロップにて位置をずらし、保存ボタンを押す。

■ ファネルページの削除

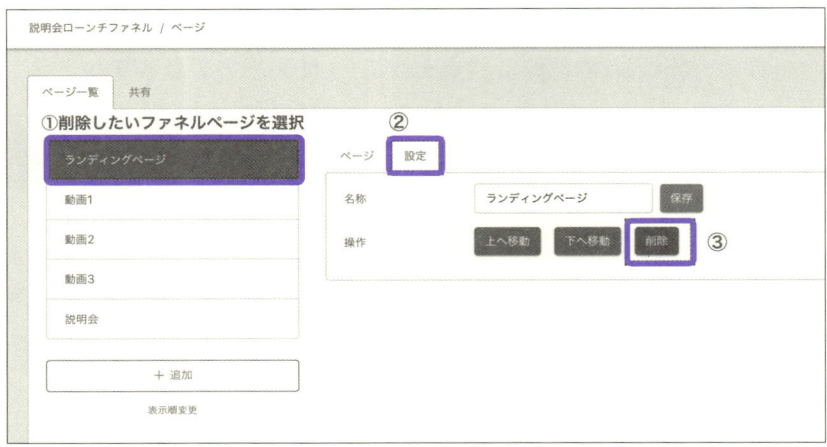

削除したいファネルページを選択し［設定］＞［削除］。

■ ファネルページの名称変更

名称変更したいファネルページを選択し［設定］名称変更し［保存］。

■ ページ管理名称を変更する場合

ファネルページを選択し右下の［：］から［管理名称変更］をクリックして変更します。

01 ファネルページ左下の［＋追加］をクリックし、名称を入れて［保存］します。

02 次に［＋ページを追加］をクリックし［左：テンプレートから追加］はUTAGEの
ファネルテンプレートからページを追加でき、［右：作成したファネルから追加］
はあなたがこれまで作ったファネルページから追加ができます。

■ ファネルを1から作る場合

詳しい手順を動画にて解説していますので、こちらをご覧ください。

https://youtu.be/xniTCetNb2o?si=m62RGkvu4KEjYhx1

※CHAPTER-5で決めたあなたのセールスファネルに合わせたファネル
ページを構築しましょう！

例：ファネルで用意するページ

オプトイン
↓
個別相談申込オファーページ
↓
申込サンクスページ（LINEでもリマインドを送る場合はLINE登録誘導も含める）

↓

バックエンド購入ページ

↓

購入サンクスページ

適宜サンクスページも用意しましょう

決済関連

　商品管理に商品を追加した後は【ファネル】で作成するページで、追加した商品の決済を行うことができるようになります。

01 ［ファネル］＞［ファネル一覧］で該当ファネルを開き「ページ一覧」該当ページの［編集］をクリックします。

02 要素（青）［決済フォーム］を追加します。

03 左メニュー［連携商品］の入力ボックスをクリックすると、［商品管理］一覧がプルダウン表示されますので連携したい商品をクリック。

　決済後のリダイレクト先とフォーム要素を設定できます。

リダイレクト先：デフォルトではファネルの次のステップへ遷移しますが、任意のURLを指定することもできます。

フォーム要素：注文フォームに住所と電話番号の入力欄を含めるかどうかを設定できます。また、利用規約への同意チェックボックスを表示することもできます。

■ ワンクリック決済の場合

　ワンクリック決済は、登録済みの決済情報を使って簡単に追加購入できる機能です。アップセルページで利用できます。ただし、オー

165

ダーバンプや複数商品には対応しておらず、通常商品1点のみ購入可能です。

01 ファネルページの編集画面にて要素［購入ボタン］を追加。

02 連携商品のプルダウンから対象商品を選択（必要に応じて［決済後のリダイレクト先］も設定）。

登録経路

　UTAGEのファネル機能では登録経路ごとに登録経路リンクを作成することができます。

　媒体や目的ごとに発行した登録経路リンクを通じて流入があった場合に、どの経路から何人登録があったかを把握することができるので、その後の集客の強化に役立ちます。

■ ファネルページ登録経路リンクの発行方法

01 上メニュー［ファネル］から左メニュー［登録経路］＞［追加］で管理名称入力・ファネルステップで対象のページを選択し［保存］します。

02 表示されているURLを各SNSでリンクさせる。

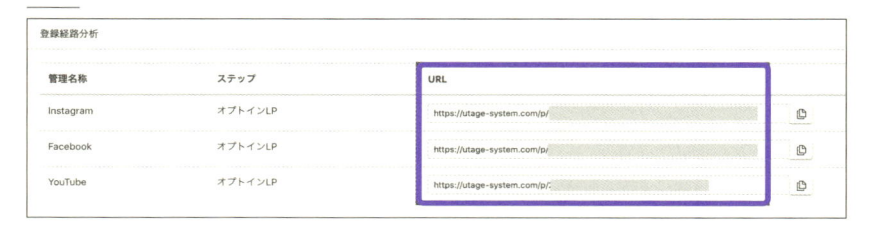

※数値分析方法はCHAPTER-7をご参照ください。

連携の確認（メール・LINE・イベント・決済）

　ファネルページに挿入したボタン・決済フォーム・イベントやウェビナー申込フォームは必ず連携が必要です。

　ボタンや申込要素を選択して左メニューの各連携を忘れずに行いましょう。以下は重要な連携の一覧です。

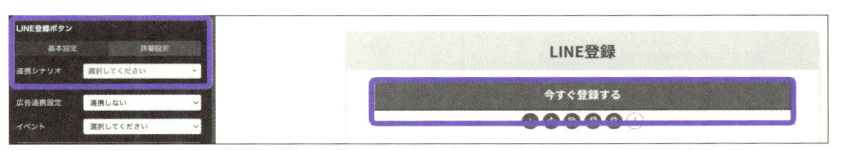

LINE登録（要素：LINE友だち追加ボタン）と左上LINE登録ボタン＞連携シナリオ

メールアドレス登録（要素：登録フォーム））と左上フォーム＞連携シナリオ

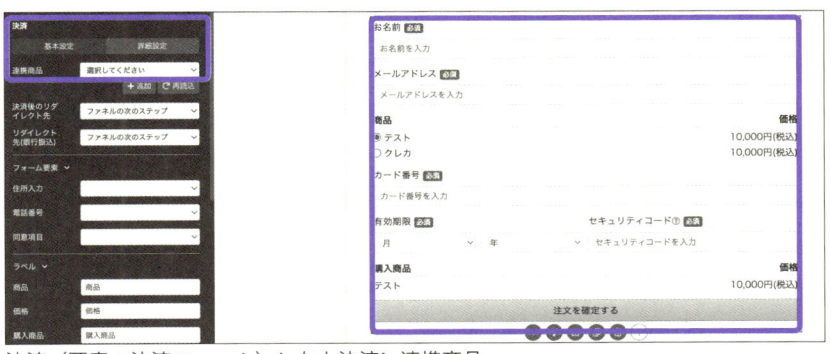

決済（要素：決済フォーム）と左上決済＞連携商品

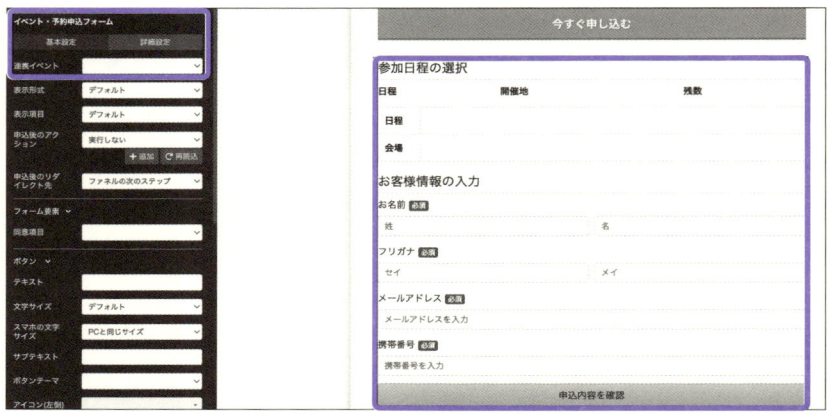

イベントセミナー・個別相談（要素：イベント申込フォーム）と左上イベント・予約申込フォーム＞連携イベント

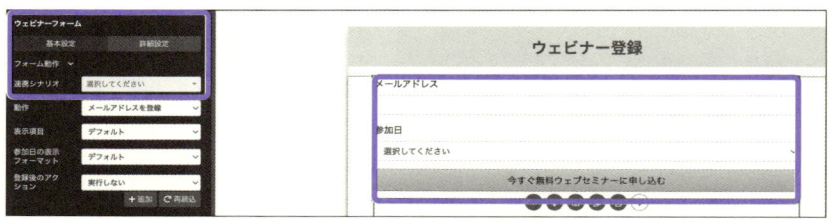

ウェビナー登録（要素：ウェビナー登録フォーム）と左上ウェビナーフォーム＞連携シナリオ

※各ページ上での連携・関係する配信シナリオの作成が終わったら、実際に登録してみて配信されるか等のテストも行いましょう。

ワンタイムオファー

SECTION
04

オンラインコンテンツの販売を強力にしてくれるセールス手法の1つ「ワンタイムオファー」をうまく使いこなし売上アップを目指しましょう。

ワンタイムオファーとは

　ワンタイムオファーとは商品購入直後に提示される1度限りの特別な提案のことを指します。「1回限りしかチャンスがない」と訴求できるワンタイムオファーが効果的である理由は、希少性の認識・損失回避・即決の必要性・特別感といった演出ができることで通常以上の購買意欲を喚起できることです。

　一般的によく行われるワンタイムオファーには

- フロント商品を購入後、アップグレード商品をワンタイムオファーで提示する
- メイン商品の購入後、サポートサービスとの組み合わせをワンタイムオファーで提示する

といった手法がありますので、あなたのコンテンツとの相性を考えて活用してみてください。

ワンタイムオファーの設定

　UTAGE上でワンタイムオファー（1回のみの表示制限）を指定すると、『このページは一度しか表示されません』というように1度しか表

示できないように制御することができます。

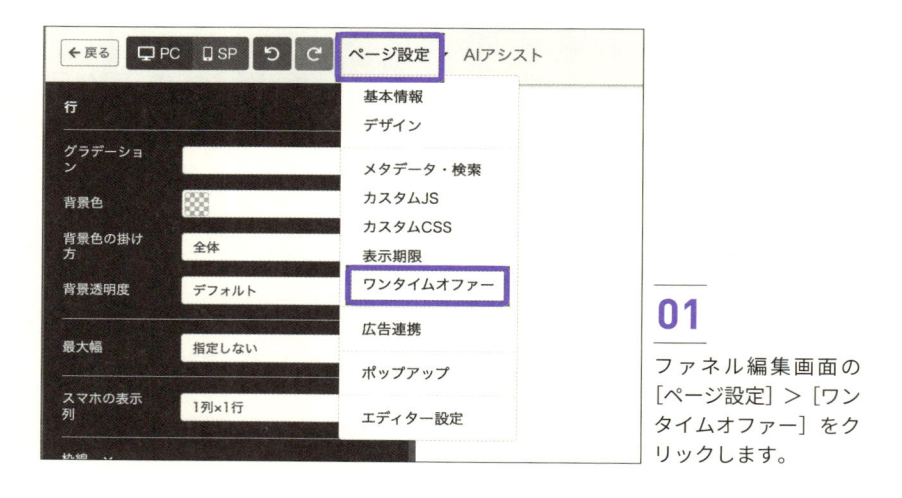

ワンタイムオファー　　　　　　　　　　　　　　　　　　　　　✕

✓ ワンタイムオファー(1回のみの表示制限)を利用しない
　ワンタイムオファー(1回のみの表示制限)を指定する

閉じる　保存

■ ワンタイムオファー設定方法

01

ファネル編集画面の
［ページ設定］＞［ワン
タイムオファー］をク
リックします。

02 ［ワンタイムオファー（1回のみの表示制限）を指定する］を選択し、［2回目以降
のアクセス時の表示］を指定します。

- ファネルの最後のステップのページを表示：2回目以降のアク
  セス時、ファネルの最後のステップを表示します
- 指定したページを表示：2回目以降のアクセス時、指定したペ
  ージURLを表示します

トリップワイヤーファネルの設定

トリップワイヤーファネルとは、低価格の入門商品からはじめて、段階的により高額な商品へと顧客を導いていく販売の仕組みのことを指します。

例えば、私のトリップワイヤーファネルの場合だと

オプトイン
↓
VSL（ビデオセールスレター）を使ったフロントエンド商品のオファー
↓
購入サンクスページにてミドルエンド商品のオファー
↓
ミドルエンド商品の購入ページ
↓
購入サンクスページ
↓
募集終了ページ

となっていますが、UTAGEの機能を使うことでページ遷移やクレジットカード情報を複数回入力しなくても購入できるためスムーズに購入を促すことができます。

例(1)

オプトイン時にメールアドレス入力＆ボタンを押したら▶自動ですぐ次のページが表示される（登録後のリダイレクト先［ファネルの次のステップ］を指定

ご登録ありがとうございました！
まだページを閉じないでください

美容家直伝！美肌作りのルールブックは
まもなくメールにてお届けいたします。

公開終了まで

00	00	00	00
日	時間	分	秒

※1回だけの特別なお知らせです

例(2)

通常150,000円 （税込）

3日間のみ特別キャンペーン価格

39,800円 （税込）

はい、注文に追加します

フロントエンド商品購入時にクレジットカード情報を入力したら、次のオファーではワンクリックで購入できる（【アップセル購入ボタン】を利用）

6 セールスファネル構築

UTAGEの機能を使ってランディングページやイベント設定をしたら自動化していくための連携や設定を行いましょう。

UTAGEでの自動化全体像

　ここまでオプトインLP・セミナー個別相談申込ページ・メールLINE配信設定などオンラインコンテンツ販売に必要な構築を行ってきました。それぞれのセールスファネルに合わせてオンラインコンテンツの販売をUTAGEで自動化する流れを把握し、構築を完成させましょう。

■ セミナー・個別相談を行うセールスファネルの場合

①オプトイン　メール・LINE
②登録後、配信アカウント内のシナリオに設定したメッセージ配信
③フロントエンド商品のオファー（セミナー・個別相談）
④申込者に対してリマインドメッセージ配信
⑤フロントエンド商品の実施＆バックエンド商品オファー　※セミナー・個別相談の場合は実際に対応
⑥バックエンド商品の購入
⑦会員サイト等、オンラインコンテンツの提供

■ 動画VSLから直接オファー行うセールスファネルの場合

①オプトイン　メール・LINE
②登録後、配信アカウント内のシナリオに設定したメッセージ配信
③動画視聴ページへの誘導
④動画内でバックエンド商品オファー

⑤バックエンド商品の購入

⑥会員サイト等、オンラインコンテンツの提供

■ **オートウェビナーを行うセールスファネルの場合**

①オプトイン　メール・LINE

②登録後、配信アカウント内のシナリオに設定したメッセージ配信

③オートウェビナーのオファー

④申込者に対してリマインドメッセージ配信

⑤オートウェビナーの実施＆バックエンド商品オファー

⑥バックエンド商品の購入

⑦会員サイト等、オンラインコンテンツの提供

ファネルテストをする

　必要なページ作成・商品や決済周りの設定・メール・LINE 配信設定などオンラインコンテンツ販売に必要な構築ができたら、実際に登録してファネルテストを行い全体の確認を行いましょう。

　ファネルをテストする際は上から登録するのが鉄則です。

①オプトインLP、もしくはLINE登録QRコードから実際登録する。

- ● □設定していたメッセージが適切に配信されるか
- ● □読者一覧に登録情報が反映されているか
- ● □リンクが機能しているか

②オプトイン後に誘導するフロントエンドページの確認をする。
（例：動画視聴ページ・セミナー・個別相談申込フォーム・ウェビナー申込ページ等）

- ● □動画が再生されるか
- ● □正常に申込ができるか

- □申込後、登録情報に反映されているか

③決済テストをする

- □動画が再生されるか
- □正常に申込ができるか
- □決済後、売上や登録情報に反映されているか

テスト決済方法は各ヘルプページでご確認ください。

・UnivaPay（新システム）でテスト決済

https://help.utage-system.com/archives/9856

・UnivaPay（旧システム）でテスト決済

https://help.utage-system.com/archives/8958

・Stripeのテスト決済

https://help.utage-system.com/archives/8913

④会員サイトの確認をする。

- □会員サイトにログインできるか
- □対象のコースが開放されているか
- □会員サイトに受講生管理に情報が反映されているか

6

セールスファネル運用

ここまでの構築ができたところで、あなたのSNS上でメールやLINE登録を促し、リストを獲得して自動化の流れに乗せていきましょう。

メール・LINE登録リンクをSNS等で提示

　メールやLINEのリストを獲得する上でSNSでの告知は、手軽に多くの人の目に触れるため、リスト獲得の有効な手段です。登録リンクの発行方法は主に4つあります。

■ファネル機能を使ったオプトインLPがある場合
・ファネルページのリンク

　上メニュー［ファネル］から対象のファネルページに表示されているURLをSNSでリンクさせる。

・流入ごとに登録経路リンクを作成する

01 上メニュー［ファネル］＞左メニュー［登録経路］＞追加＞管理名称入力・ファネルステップで対象のページを選択し保存。

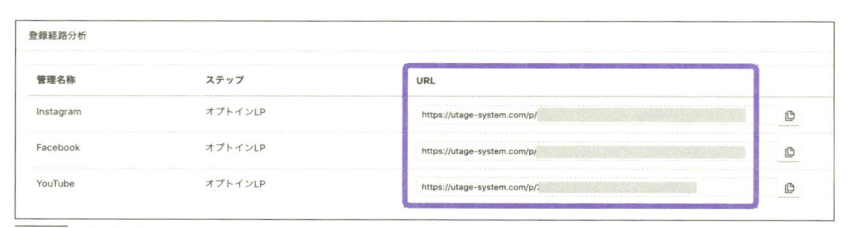

02 表示されているURLを各SNSでリンクさせる。

■LINE登録QRコードを利用する場合

・LINE登録QRコードのリンク

01 上メニュー［メール・LINE配信］＞［対象アカウント］＞［対象シナリオ］＞左メニュー［LINE登録ページ］をクリック。

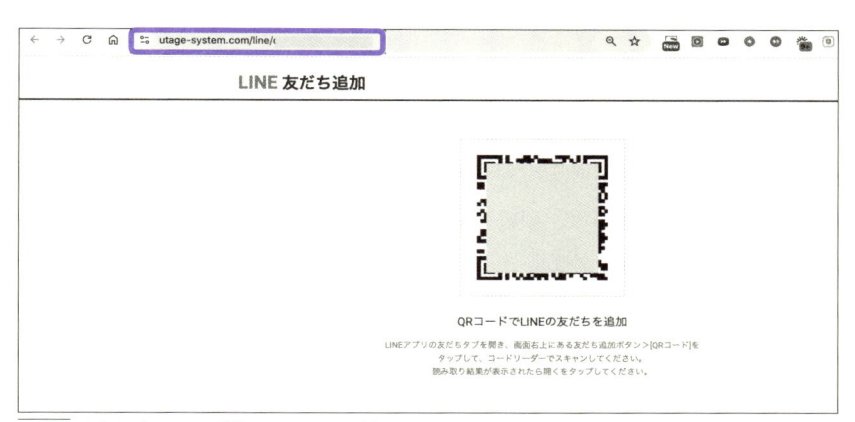

02 別タブ　LINE登録QRコードが表示されたページのURLをSNSでリンクさせる。

・流入ごとに登録経路リンクを作成する

01 上メニュー［メール・LINE配信］［対象アカウント］＞［対象シナリオ］＞［左メニュー］＞［登録経路］をクリック。

02 ［追加］ボタン-［管理名称を入力］＞［保存］。

03 表示されたURLを対象のSNSでリンク。

　とはいえ、ただSNSにリンクを貼るだけではメールLINE登録数は増えないので、次の施策が必要不可欠になっています。

リストを増やす施策

　メールやLINEでのマーケティングが当たり前になった今、「メール・

LINEに登録してください！」とだけSNSでお知らせしたところでリストが獲得できなくなっています。

　どうやってリストを増やしていけばいいのか……

　おすすめはリードマグネット（登録プレゼント）を用意すること。

　ただし、プレゼントならなんでもいいわけではありません。

　無料でも「こんなに良い内容のものをもらえてよかった！」と思っていただける内容じゃないと、その後のオファーにも影響してしまうからです。

　仮にプレゼントの内容が薄っぺらかった場合「こんなプレゼントなら、これ以降のサービスも大したことなさそう」という印象を与えてしまうことになり、機会損失になってしまいます。

　リードマグネットの重要性を理解した上で、しっかりした内容のプレゼントを作り配布したところ
「無料なのにこんなにもらえるなんて！」
「内容がとても勉強になりました！」
「プレゼントが良かったので講座の内容も良さそうだと思って申込ます！」とたくさんのメッセージをいただくようになり、売上にも繋がるようになりました。

　リストを増やしお客様の興味関心度を高めていくためにも下記を参考に良いリードマグネットを作成しましょう。

■ 良いリードマグネットを作成する3ステップ

ステップ１：ターゲットとニーズを明確にしてプレゼントを決める
①どんな情報を求めているのか？

　ターゲットが抱える問題点や欲求を洗い出し、解決策や有益な情報を提供できるテーマを考えます。
②プレゼントを決める

　問題点や欲求を明確にした上で、問題解決や欲求を満たせる内容の

プレゼントコンテンツを決めましょう。

　プレゼントのタイトルには、具体的な数字・ビフォーアフターなどの違いなどを盛り込むのがポイントです。

ステップ2：特典の形式を選ぶ

　プレゼント内容に合わせて、最適な提供形式を選びましょう。

・チェックリスト・テンプレート

　簡単なToDoリストや繰り返し利用できるテンプレートを提供する

・電子書籍・ガイドブック

　特定のテーマを深く掘り下げ、専門知識やノウハウを文章や画像で提供する

・動画・音声コンテンツ

　文章や画像に比べて伝わる情報量が圧倒的に多いので価値提供や教育に最適

ステップ3：登録しやすい仕組みを作る

・SNSでプレゼント内容をしっかりアピールする

　魅力的なプレゼントをアピールすることでメール・LINEへの登録に誘導しましょう。この際に、登録の流れがわかりにくい・たくさんの入力必須項目があるなど面倒なのはNGです。

・特典の受け取りやすさも重要

　せっかく登録したのにプレゼントの受け取り方がわかりにくい・面倒だと、プレゼントの受け取り前に離脱してしまいます。受け取りの手間を最小限にする・プレゼント受け取りリンクをわかりやすいところに表示させるようにお客様ファーストでプレゼントを提供しましょう。

UTAGE自動化を通してあなたが本当にやるべきこと

よく「UTAGEを導入したら売上が上がる！」と思われている声を耳にしますが、残念ながらUTAGEを入れただけでは売上は上がりません。UTAGEはオンラインコンテンツ販売を行うのに必要な機能が備わっている優秀なオールインワンツールではありますが、あくまでツールなので使うユーザー側の力量によって結果の出方はかなり異なります。

UTAGEでの自動化を通して得られる最大のメリットは、あなたが今まで手動でやっていた工程を自動化することによって、あなたの大切な時間やエネルギーなどのリソースを浮かせられるようになること。UTAGE自動化を通してあなたが一番やらなくてはいけないことは集客活動や受講生サポートにしっかり力を注ぐことです。

UTAGEがどんなに優れていてもリスト取得やお客様へのセールスをしない限り、売上は出ないのです。

みなさんの今の状況はどうでしょうか？個別相談の申込が入る度に、手動でZoomのリンクを発行して個別でメールを送ったり、購入にまつわるご案内もその都度自分で行っていると、SNSをしっかり更新する時間がなかったり、受講生サポートに手が回っていないということはありませんか？

実際、私の受講生はみなさんそのような状況で疲弊し、売上が頭打ちになってしまったことがきっかけでUTAGEで自動化しはじめていますし、私もその1人でした。現在私が毎月1000万円ほどの売上を作れているのは、この部分を理解した上でUTAGEを活用し、集客や受講生サポートに注力しているからです。

ぜひみなさんも、UTAGEでの自動化を通し事業をする上で本当に自分がやらないといけないことに注力してくださいね。

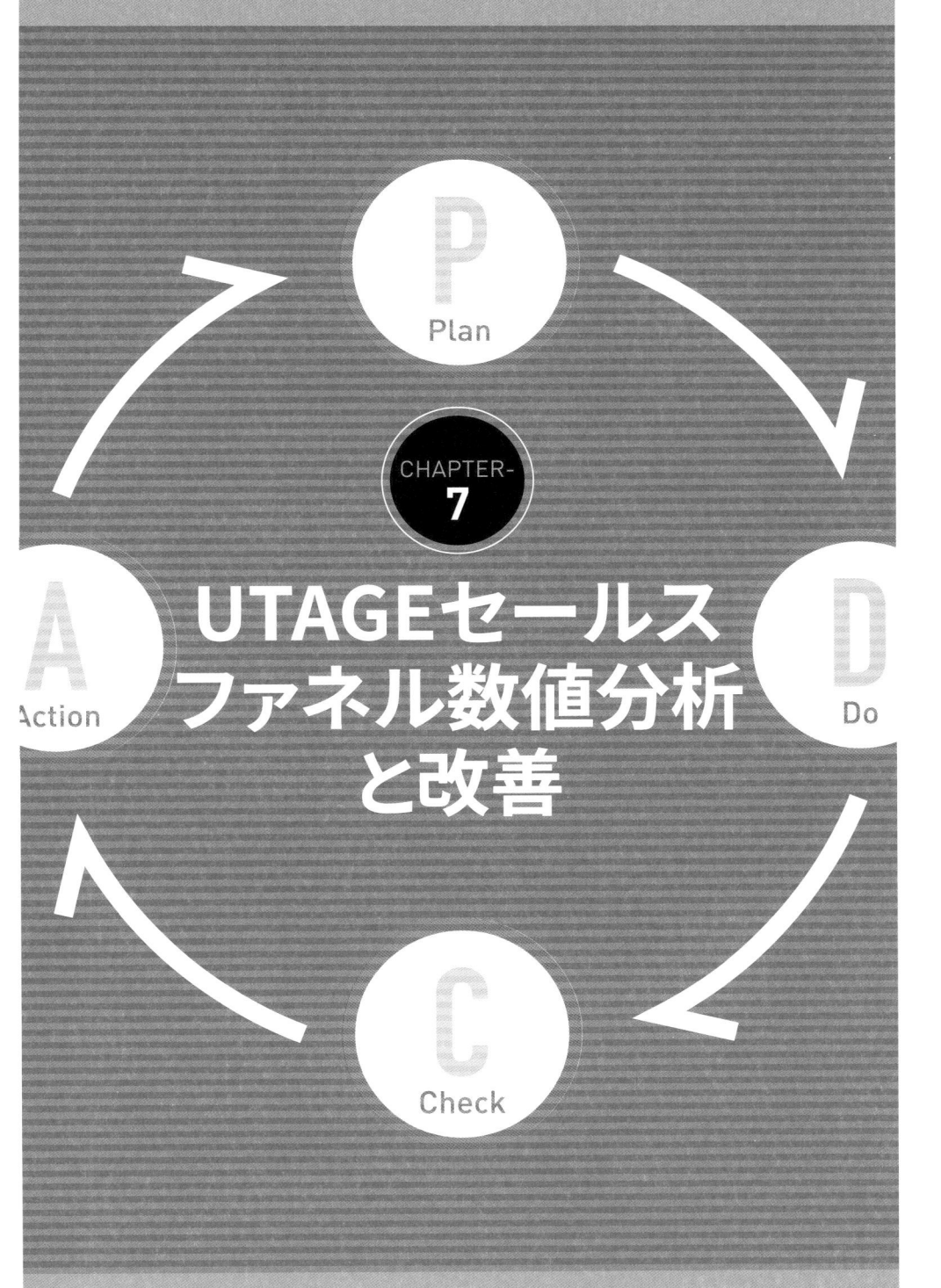

P
Plan

CHAPTER-
7

UTAGEセールス
ファネル数値分析
と改善

A
Action

D
Do

C
Check

7 ファネル数値分析

構築したファネルで運用をスタートしたらファネルの数値分析を行い、あなたの目的通りユーザーが推移するファネルになっているかどうかを確認しましょう。

ファネル数値分析

　販売数やリスト獲得数が伸び悩むときは、セールスファネルのどこかにズレが生じている証拠です。

　せっかく思いを込めて作ったセールスファネルやコンテンツが必要なお客様に届かないのは非常にもったいないこと。もちろん今後の事業継続も厳しくなってしまいます。ファネルを構築して終わり！　ではなく、分析と改善を行うことが重要です。UTAGE では数値分析できる機能も備わっていますので、必ず確認作業も行いましょう。

■ データ別（合算）の確認方法

01　上メニュー［ファネル］から利用するファネルを選択します。

02　左メニュー［データ（合算）］をクリックし、表示された［表示条件］［KPI］ウィンドウを確認します。合算した「アクセス数」「登録数」「売上」を確認できます。

■ データ別（日別）の確認方法

01　上メニュー［ファネル］から利用するファネルを選択します。

02　左メニュー［データ（日別）］をクリックしますと、［表示条件］［KPI］ウィンドウが表示されます。日別の「アクセス数」「登録数」「売上件数」「購入率」「売上金額」などを確認できます。

登録経路分析

ファネル上で登録経路リンクを発行をしている場合であれば、各経路からどれぐらいオプトインしているか・どれぐらい申込や購入に繋がっているかを確認することができます。

早速対象ページにアクセスして分析をしてみましょう。

■ 登録経路ごとの数値を分析する場合

ファネルページ選択後、左メニュー［登録経路］のプルダウンから対象の登録経路を選択しご確認ください。

私は登録経路ごとにどれぐらい登録や購入があったか数値を確認した上で、どのSNS媒体でどういう発信をしていくかなどの戦略を立て毎月アクションをしています。そうすることによって、狙っていた媒体からの売上が非常に上がったり、最初は反応が薄かった媒体からもリスト登録が入るようになりました。

このように分析をしながら効率よく事業を行うこともオンラインコンテンツ販売者にとって大切なことです。

バックエンドのセールス

オンラインコンテンツ販売において、売上に大きく影響するのはバックエンド商品の販売数です。

3000円のフロントエンド商品が50人に売れて15万円になっても、20万円のバックエンド商品が1件しか売れなかったら、トータル35万円の売上ですが、3000円のフロント商品が30人に売れて、20万円のバックエンド商品が3人に売れたら69万円になり倍近く売上が変わります。

このようにあなたの売上に大きく影響するバックエンドがスムーズ

に販売できるよう、数値から分析してブラッシュアップに繋げていく必要があります。その分析をUTAGEで行う場合には下記のページ（対象ファネル→サイドメニュー：データ（合算））にアクセスします。

KPI	アクセス数		登録数		売上		
	全て	UU	全て	登録率	件数	購入率	売上
LP	1	1	0	0%	0	0%	0円
VSLページ	1	1	0	0%	0	0%	0円
ウェビナーページ	1	1	0	0%	0	0%	0円
FE	1	1	0	0%	0	0%	0円
US1	1	1	0	0%	0	0%	0円
US2	1	1	0	0%	0	0%	0円
サンクス	1	1	0	0%	0	0%	0円
募集終了	1	1	0	0%	0	0%	0円

　データ別（合算）からKPIを確認する際、特に着目すべきポイントは、オプトイン（画像だとLPと表記）と販売数（画像だとFE：フロントエンド・US1：アップセル1・US2：アップセル2）の販売数です。
　例えばオプトインの登録率がいいのに、販売数が伸びないのだとしたら、オプトイン後の訴求が弱い・方向性がユーザーのニーズと合っていない・必要性の提示が足りていないといった分析ができ、ファネルページや配信メッセージの改善・テコ入れが必要になります。

　ただどれぐらいの数値を目標にすべきかは、ニーズ、製品の品質、オーディエンスとの関係性、その他の多くの要因によって大きく異なるため、一概には言えません。
　具体的な改善ポイントを解説しますので、まずはあなたのKPIを確認してみてください。

7 ファネルページの改善

SECTION 02 ファネルの数値を把握したら、問題点を予測・確認し、すぐにファネルページの改善を行いブラッシュアップしましょう。そのための具体的な改善策をお伝えします。

見やすさ改善（余白調整・フォントサイズ・カラー）

①ファーストビューの改善

ファーストビューとはユーザーがWebページを表示したときに最初に目に入るエリアのことを指します。ユーザーの動きや売上に非常に大きな影響を与えるため、ファネルページの改善をする際には、ファーストビューから着手する必要があります。以下の4点に着目して改善を重ねましょう。

- パッと見たときに内容が伝わるか
- ターゲットに合わせたデザイン（色・画像・イラスト）か
- 行動のハードルを下げたり自分のための商品と思えるコピーがあるか
- CTAボタンがファーストビューの中に入っているか

上記の4点がしっかり訴求できていないとその先の部分を読み進めようと思わないのです。

情報社会の今、「読まない・信じない・行動しない」人々がほとんどです。そのハードルを超えられるファーストビューはとても重要な役割を果たすのでしっかり改善しましょう。

　パッと見たときに、見た目が悪い・見にくいページの多くはページ上で余白の調整を行っていません。実際見比べてみるとよくわかりますが、枠と文字の間隔・行間など適度な余白があったほうが、見た目がスッキリしユーザーの注目度のコントロールやストレスフリーな情報取得に役立ちます。

余白があり見やすい例

✓ PMSが短期間でよくなった人がやった実例を全部公開

✓ 何をやっても肌がきれいにならないのを覆す究極の美肌メソッド

✓ 生理前の食欲をセーブして太らないためのタイプ別セルフケア網羅

✓ そのままやるだけ！季節ごとのスキンケアポイント完全攻略

✓ 女性の３大不調が出ないための体質改善とは

余白や行間にゆとりがなく見にくい例

✓ PMSが短期間でよくなった人がやった実例を全部公開
✓ 何をやっても肌がきれいにならないのを覆す究極の美肌メソッド
✓ 生理前の食欲をセーブして太らないためのタイプ別セルフケア網羅
✓ そのままやるだけ！季節ごとのスキンケアポイント完全攻略
✓ 女性の３大不調が出ないための体質改善とは

　ファネル操作画面の左メニューにある表示位置や間隔・行間などで余白の調整・ボレットの間隔や行間の調整を行いましょう。

③フォントサイズ

　ファネルページを通じて伝えたいメッセージを伝わるように見せるためには、フォントサイズにもこだわる必要があります。対象としているペルソナにとって見やすいフォントサイズかどうか配慮しつつ

- 最も重要な情報を最大サイズに
- 関連情報は同じサイズに
- 3-4段階のサイズ差をつける

　といった工夫をすることで、伝えたいことが伝わる見た目にも繋がります。また表示端末によってもフォントサイズを調整すると効果的なので、以下を目安に調整を行ってください。

基本的なサイズ指針（デスクトップ）
- メインヘッドライン：32-48px
- サブヘッドライン：24-32px
- ボディテキスト：16-18px
- 補足テキスト：14-16px
- CTAボタン：18-24px
- フッター：12-14px

モバイル向けサイズ調整
- メインヘッドライン：28-36px
- サブヘッドライン：20-24px
- ボディテキスト：14-16px
- 補足テキスト：12-14px
- CTAボタン：16-20px
- フッター：12px

④カラー
　ファネルページを作成する際に使う色は、あなたのイメージに直結する大事な役割を担う部分です。
　例えば、優しさを売りにブランディングしているのに黒やグレーば

かりを使ったLPだったとしたら、せっかくの優しさはページの見た目では全く伝わりません。

　色が持つイメージを上手に活用するのも1つです。

色が持つイメージの例
青：信頼性、専門性、安全性
緑：成長、健康、環境配慮
赤：緊急性、情熱、エネルギー
オレンジ：フレンドリー、前向き、手頃さ

　また適切な色のコントラストで読みやすさを向上させたり、CTAボタンなど行動に直結する部分に色はあえて反対色を使うなどして目立たせるのも効果的です。自分のブランディングに合うカラーを3色選び、下記を目安にトーンの組み合わせてみましょう。

- **メインカラー：全体の60%程度**
- **サブカラー：全体の30%程度**
- **アクセントカラー：全体の10%程度**

⑤タイトルを入れる
　区切りがないページだと重要な項目が分かりにくくスクロールで通過されやすいので、タイトルを入れることで何を伝えている項目なのかを見やすくすることができます。

　セクションの背景色をつけることで実装可能です。ぜひご自分のブランディングやコンテンツの魅力が伝わるカラーや画像を挿入しましょう。

スマホ・PC表示設定

　パソコンから見た時には見やすく魅力が伝わりやすくても、スマホなどデバイスが変わった時に「文字が小さくて見にくい」「見た目がごちゃごちゃしている」というのはよくあるケースです。作成したファネルページは必ずスマホ・パソコンと両方で視認性を確認し、必要な調整を行いましょう。

スマホから見た時に文字が大きすぎる例

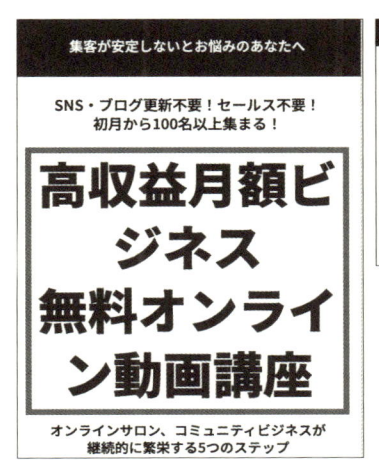

■ スマホの文字サイズ調整方法

左メニュー［スマホの文字サイズ］にて調整しましょう。

■ PC・SPで表示させる画像をそれぞれに設定するパターン例

それぞれのデバイスに合わせて視認性を高める方法の1つとして、PC・SPで表示させる画像をそれぞれ作成しファネルに入れるやり方です。画面左上のボタンで画面を切り替えて確認しながら調整しましょう。

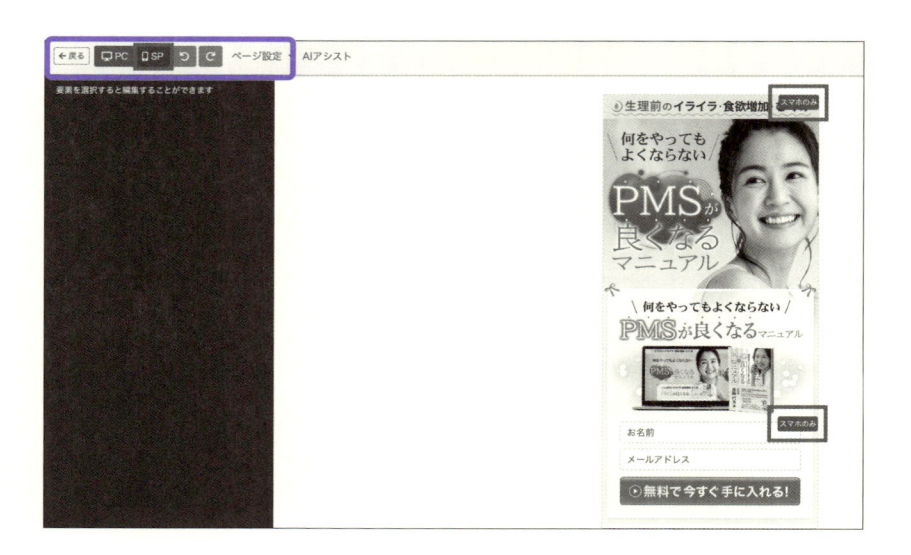

登録率・購買率が上がったUTAGEでできる施策

オンラインコンテンツ販売で特に重要なのは、メール・LINEの登録率と購買率です。登録率が低い＝あなたのコンテンツに興味関心がある人が少ないということなので、まずは間口を広げてたくさんの方に登録していただき、あなたのコンテンツの必要性や魅力をしっかり伝えていき購買へ誘導する必要があります。しかしメール・LINE登録がたくさんあったとしても購買率が上がらなければ売上は伸びません。

そこで私自身が取り組んでみて登録率・購買率が上がったUTAGE施策がありますので、3つご紹介致します。

■ ①オプトインLPの活用

登録率が低いということは、前提としてSNSでのフロント発信が弱い影響も大いにありますが、さらに深掘りして要因を考えると登録誘導のオファー・必要性の提示が弱い可能性があります。昨今はLINEマーケティングを実践する方がとても増えました。LINEのリスト獲得はQRコードが表示されたページだけで簡単に登録誘導できる利便性があるからです。しかし、QRコードだけだと、他のコンテンツ販売者と見た目が全く同じなので差別化にならないのとあなたのコンテンツの必要性や魅力が全く伝わらないのです。そこで、QRコード表示ではなくオプトインLPを作成して、画像・文章などさまざまな訴求をしてリスト獲得をしましょう。

例えば次ページの画像のようにメール・LINE登録プレゼント内容を提示した上で登録を促すのも効果的です。QRコードだけが表示された登録ページよりも、登録するメリットを感じると思いませんか？ UTAGEの場合、ファネル機能を作っていくらでもファネルページが作成できますので、ぜひオプトインLPを作成してリスト取得を目指しましょう。

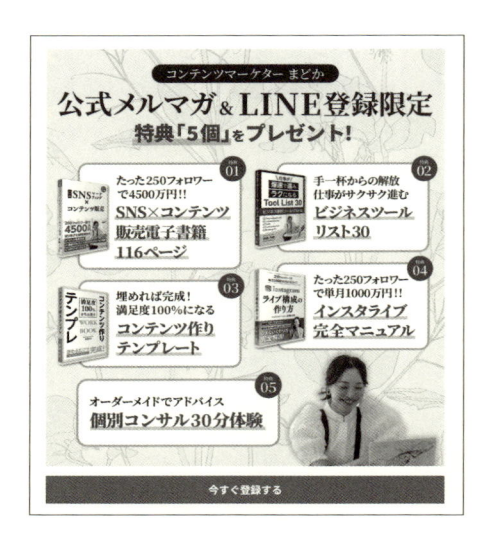

■ ②カウントダウン

　よく「締め切りがないセールスはセールスではない」とも言います
が、お客様に何かをオファーする時には行動を促すために締め切りを
設けることは大切です。

　UTAGEの場合だと、カウントダウンを設置できるので下記画像のよ
うに「受付終了まであと3日です」と訴求することができます。もち
ろん私もあらゆるオファーにはカウントダウンを使っており、このお
かげで後回しにせずに申込等のアクションをしてくれるお客様が増え、
その結果元々の売り上げから83.3％も上がった事例があります。

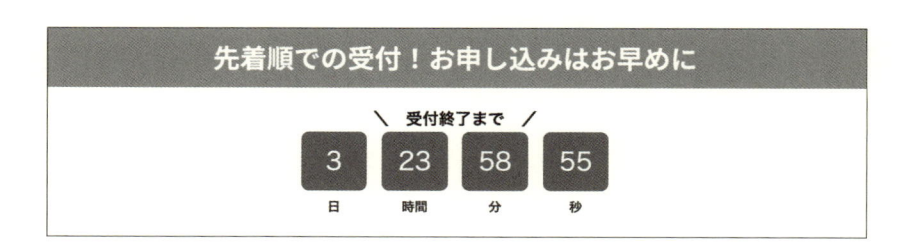

■ カウントダウンの追加方法

01

ファネルページ編集に
て要素［カウントダウ
ン］を追加。

02 左メニュー［カウントダウンタイマー］のプルダウンより適切な設定を選択する。

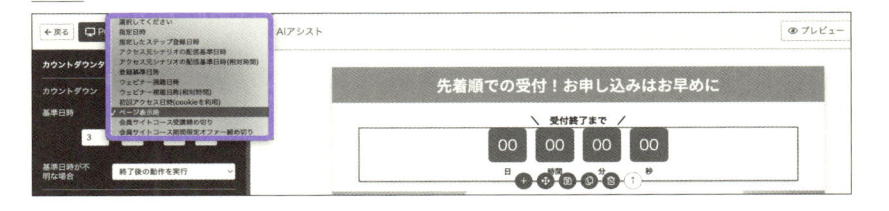

■ ③動画連動

　オンラインコンテンツをオファーする上でオプトイン後や販売前に
動画を見ていただき必要性の訴求や価値提供をするセールスファネル
がありますが、販売側の私たちとしては「動画を見て終わり」ではな
く「動画を見た後に必要な行動（申込等）」をしていただきたいですよ
ね？

　UTAGEでは動画連動という機能があり「ここまで動画を視聴したら

特別なご案内が表示される」といった訴求をすることができます。

表示前

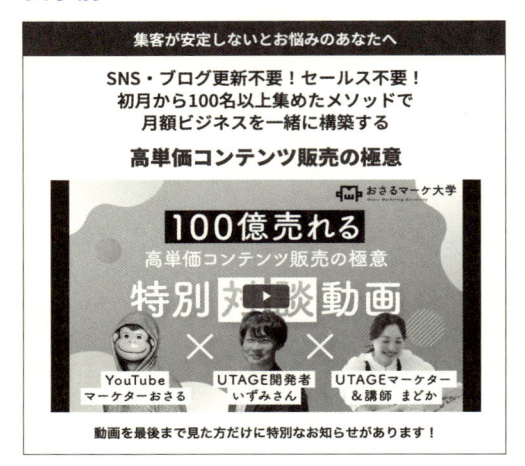

表示：動画再生後、画像下部のオファー部分が表示される

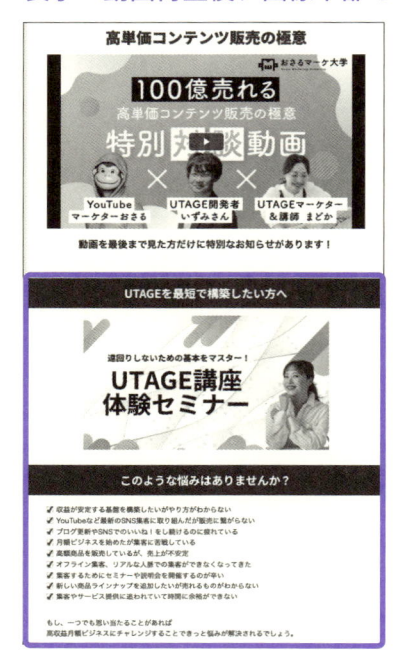

他にも以下のような設定化できます。

- **動画を全部視聴してからの要素表示**
- **30分中15分視聴したら要素表示**
- **動画視聴と連動して要素を非表示**

動画を使ったオファーをされている方はぜひ活用してみてください。

■ 動画連動設定方法

01 動画をUTAGEにアップロードする、もしくはVimeoに動画をアップロードする。

02 ファネルページ編集画面にて要素［動画］を追加（動画タイプはUTAGE、もしくはVimeoを選択）。

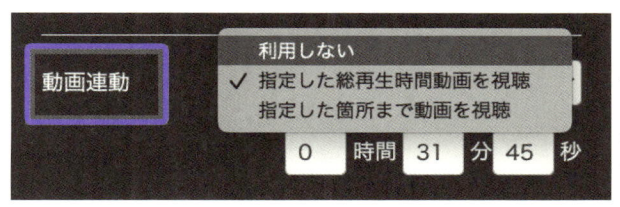

03 左メニュー［動画連動］にて設定。

「指定した総再生時間動画を視聴」「指定した箇所まで動画を視聴」から設定できます。

注意点

指定した総再生時間動画を視聴：実際に視聴した時間がカウントされるため、スクロールなどで飛ばして再生時間の条件を満たしていない場合は、動画の最後まで移動しても連動した要素の制御はされません。

例＞2倍速で25分間視聴した場合は50分視聴された扱いとなります。

指定した箇所まで動画を視聴：実際に視聴したかどうかに関わらず、

指定した箇所になった段階で連動した要素の制御がされます。

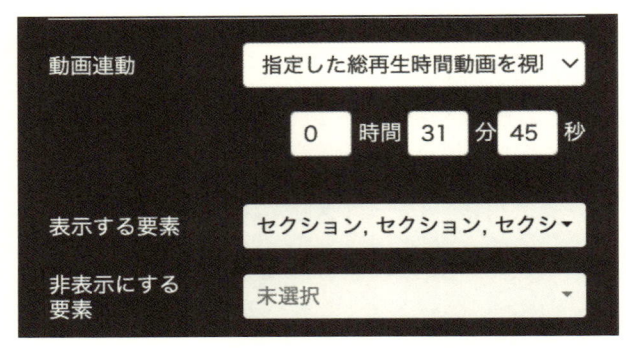

04

［表示する要素］［非表示にする要素］を対象セクション・行・要素から選択し、ファネルページを保存する。

7 メール・LINE数値分析

SECTION
03
オンラインコンテンツを販売する上で欠かせないメール・LINEなどのメッセージ送信においても数値分析を行い、開封率等の改善に役立てましょう。

メール・LINE数値分析

　UTAGEにおけるメール・LINEの分析方法と何が分析できるかについて解説します。配信メッセージの送信数・開封数・開封率・クリック数・クリック数は対象シナリオを選択し左メニュー［送信済］（一斉送信・ステップ・リマインダ）から確認できます。

　操作メニューから［クリック分析］もでき、どのユーザーがどのページにいつアクセスしたかも分析できます。

開封率の目安　※ジャンルやリスト獲得方法によって異なる

- 最初の段階で目指すなら60〜70%が目安（その後下がっていき20%ぐらい）
- メールであればステップメールであれば開封率は下がっていく
- LINEは開封しやすい側面があるため、登録当初は70〜80%だが段階的に開封率は下がっていく
  メールよりLINEの方が開封率は高い傾向の反面、どこまで中身を見られているかが重要
- 登録後のアクション（リンクがどれだけタップされているか）を測定して確認

・**開封履歴が確認できる箇所（LINE・SMSも共通）**

［メール・LINE配信］>配信アカウント>シナリオ>読者一覧>該当の読者名>読者詳細ページの［開封履歴］タブから確認できます。

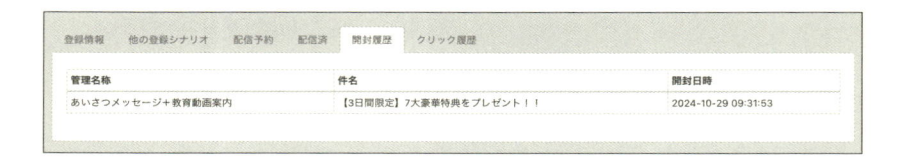

・**配信メールクリック履歴が確認できる箇所**

［メール・LINE配信］>配信アカウント>シナリオ>読者一覧>該当の読者名>読者詳細ページの［クリック履歴］タブから確認できます。

登録経路分析

メール・LINEの登録分析方法は下記2通りあります。

■ **オプトインLPを使用した場合**

［ファネル］>対象ファネル>左メニュー［データ合算］>登録経路をプルダウンから選択

■ **LINEの場合**

［メール・LINE配信］>配信アカウント>シナリオ>左メニュー［登

録経路］＞［登録経路分析］

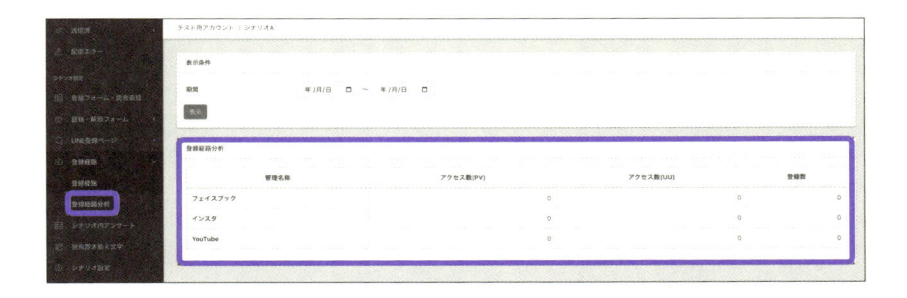

　上記の登録経路分析で特にチェックするポイントは、

■アクセス数（PV）から実際どれぐらい登録されているか

　アクセス数が多いのに登録数が半分以下の場合はオプトイン時の訴求がずれている、伝わっていない可能性大。

■期間ごとの登録数

　伸びたのだとしたら、どのSNSの投稿かを確認（伸びたタイミングで投稿したものでSNS上でも数値がいい訴求をトレースするなどの指標ができる）。

　伸びていないのだとしたら、SNSや広告での訴求を見直す必要があるといった分析ができます。具体的な分析が終わったら、次は改善のステップに移りましょう！

7 メール・LINEの改善

メール・LINE配信での数値分析ができたら、より登録率・開封率・申込数を上げるために配信メッセージの見直しやユーザーとのコミュニケーション強化施策を行いましょう。

タイトルと冒頭ライティング

　メッセージを配信しても開封されない・開封されたとしても意図している行動をユーザーが起こさないといった開封率の低下や申込・購買率の低下がある場合、今すぐ配信メッセージのタイトルと冒頭のライティングを見直しましょう。

　コピーライティングでは、人は「読まない・信じない・行動しない」と考えられていて、その壁を打ち破るには良いタイトルと冒頭が鍵を握っています。

　みなさんも届いたメッセージやメールはすべて開くのではなく、開くかどうかはタイトルで判断していませんか？　また開いたとしても読み進めるかどうかは冒頭の文章で判断しませんか？

　では、どのようにライティングをすればいいか？

　それはあなたのペルソナから見た時に「これは見ないと！」と思えるような重要性・緊急性・必要性・問題解決・理想の未来などの要素を盛り込むことです。前提としてあなたがペルソナの困りごとや理想としている未来像をしっかり把握している上で下記のテクニックを参考にしてください。

■ タイトルライティング3つのテクニック

・「緊急性×損失回避」テクニック

　本質的に人間は損をしたくない生き物です。そのため有効なライテ

ィングテクニックとして「3日間限定公開」「先着10名のみ無料でアドバイス」といったように期間や数量を限定して見逃すことによるデメリットを訴求しましょう。

・「数字×具体化」テクニック

ライティングで数字を使うとより具体的に内容が伝わるメリットがあります。「3ステップで売上150%を実現した新手法」「たった5分で商談率が3倍になる話し方」といったように数字と達成可能な結果を盛り込み、これならやれそう！と思わせる訴求をしましょう。

・「意外性×好奇心」テクニック

情報社会の今、インパクトのないライティングは面白みにかけて読まれなくなっています。そのためタイトルにインパクトを出して思わずクリックしたくなるように書くことが重要です。

「実は頑張れば頑張るほど売上が下がる理由」「なぜか値上げしたら客数が2倍になった話」といったように通常だったら考えられないようなことを引き合いに出し問題解決への期待を高める訴求をしましょう。

冒頭ライティング3つのテクニック

① 「逆説的事実提示」テクニック

常識や一般的な考えに反する事実を示すことで、読み手の興味を引き、新しい視点を提供するライティングテクニックです。

> 例文
> SNSのフォロワー数が1万人を超える企業の68%が 売上減少に悩んでいるというデータが……『えっ、それって逆じゃないですか？』そう思われた方も多いはず。

私も最初は、このデータを疑いました。しかし、先月実施した156社の調査で さらに驚くべき事実が明らかになったのです。実は・・・フォロワー数が1,000人以下の企業の方が 平均売上が2.8倍も高かったのです。

② 「ストーリー展開」テクニック

　実際起こったことやペルソナが行動しなかったら起こりうる問題といったリアリティのある内容をストーリー仕立てで問題提起と拡大、解決策の提示をするテクニックです。

例文

先月のことです。ダイエットコンテンツを販売している田中さん（仮名）から相談がありました。「もう、SNSの運営に限界です...」昨年から毎日欠かさず投稿を続け、フォロワーも2万人まで増やしたのに、売上は一向に上がらない。むしろ、投稿に追われ日常生活にも支障が... 田中さんの表情は疲れ切っていました。
実は、田中さんと同じ悩みを 抱える経営者が急増しています。「いいね」は増えるのに 売上に結びつかない。ライブをしても 以前ほど反応がない。しかし…… 田中さんが、ある"気づき"を得て実践したところ、状況は一変。

③ 「具体的損失回避」テクニック

　読み手に潜在的な損失を具体的に認識させ、行動を促すライティング手法のことで事実に基づいた情報提供と、建設的な解決策の提示が重要なテクニックです。

例文

あなたも、実はこんな "見えない損失"が発生していませんか？ 以下の3つに該当する場合、毎月平均して78万円の機会損失が起きて

いる可能性が...

□ 毎日1時間以上SNSの投稿に時間を使っている

□ フォロワー数は増えているのに売上が伸びない

□ いいね数は多いのに実際の購入に繋がらない

今の状況を続けることでこの損失額が2倍以上になることも。

よく受講生のみなさんにもお話ししますが、どんなにUTAGEが優れたシステムだとしてもライティングなどの伝え方も磨いていかないとお客様に魅力や必要性が伝わらずせっかくのオンラインコンテンツが宝の持ち腐れになってしまいます。

ここでご紹介したライティングは私自身も実践していますが、メルマガの配信だけで300万円売り上げが出るほど効果的なテクニックなので是非実践してみてください。

ユーザーからのアクションを促す

返信・ボタンタップなどのユーザーからのアクションを促すことはファン化の促進・顧客生涯価値（LTV）の増大・今すぐの購買行動促進・顧客行動の把握といった数多くのメリットがあります。

UTAGEの機能を使えばさまざまなアクションを引き出すことができますので、あなたのマーケティング施策にも是非加えてみてください。

■ ボタンタップ機能

反応しやすくするために簡潔な選択肢や損失回避するようなオファーを提示し、ユーザーの行動を促します。

■ 自動応答機能

特定のキーワードをユーザー側から送信することで、予めセットし

ておいたメッセージが自動で配信される機能です。

　上メニュー［メール・LINE配信］＞配信アカウント＞左メニュー［LINE自動応答］＞［追加］から作成できます。

ユーザーへの自動応答促進の例

- SNS上でプレゼントや特別なお知らせがあることをしっかり発信する。
- 公式LINEへの登録をした上でキーワードの送信を促す。
- プレゼントや特別なお知らせを受け取ったユーザーからの感想等をSNSでお知らせする。

■ 感想やリクエストを促す

　メッセージの文末に「今日の内容を読んだ感想を是非お聞かせください」「○○においての解説を知りたい方は是非リクエストをお送りください」といったように表記して、メッセージを送ってくれた内容やそれに対するアンサーを配信して「この人にメッセージを送っても大丈夫なんだ」「何か対応してくれるんだ」と安心してもらうのもおすすめです。

■ アンケート機能

　シナリオ内アンケートやファネルページでアンケートを作成して、回答した方には特典等のメリットが得られるように工夫しましょう。ユーザーがアクションする手間をかけることで、ユーザー側にはサンクコストが働き「せっかくやったから」と今後の意思決定に影響を与える効果があります。

　ユーザーからアクションしていただくことは関係の構築やLTVの向上に役立ちますので、是非実践してみてください。

開封していないユーザーへの配信を止める

　開封していないユーザーへの配信は止めるのが適切です。

　昨今、LINEの利用停止（通称、垢BAN）やメール評価スコアの低下から迷惑メール扱いになってしまうなど、配信を取り巻く環境が厳しくなっています。関心度が低いユーザーに多くの配信をしてしまうことで、ブロック率や登録解除率が上がってしまい、あなたのアカウントの評価を下げることになってしまうからです。

　開封していないユーザーへの配信を止めることは結果的に配信到達率の改善、スパム判定リスクの低下、メール評価スコアの向上といった配信品質を向上させ、本当に必要としている方に配信することにつながります。さらに、無駄なコストを省き売上アップに繋がるメリットがあります。

　UTAGEの場合、配信条件を使って一定期間の間に開封しているユーザーのみを抽出して、メッセージを配信する機能があります。

　また一定期間開封していないユーザーは読者一覧の「絞込条件」で抽出し、こちらから配信解除設定をしましょう。

UTAGEで起こりやすい
7 エラー対策

SECTION
05
もしUTAGEでエラーが起こった場合でも落ち着いて対応できるように、よく質問いただくエラー事例と、その対策方法を紹介します。

LINEエラー発生時のチェックリスト

LINE メッセージの配信がうまくいかない、下記の項目を見直すと解消されるケースがほとんどです。

①LINEメッセージが配信されない

- LINEの配信上限になっている。
- メッセージが下書きのままになっている。
- Messaging APIチャネルのプロバイダーとLINEログインチャネルのプロバイダーが別のものを利用している。
- WebhookがONになっていない。

■LINE配信エラー画面で何もエラー表示が無い場合

CHAPTER-3　UTAGE と LINE を連携させるをご覧いただき以下をご確認ください。

- LINE公式アカウント側の設定でWebhookのオフ→オンを試す。
- Messaging API設定のChannel IDとChannel secretが正しく入力されていない。
  Messaging API設定の【Channel ID】と【Channel secret】を逆に入力している、余計なスペースが挿入されている場合があります。

- LINEログインチャネル設定のチャネルIDとチャネルシークレットが正しく入力されていない。

  Messaging API設定の【Channel ID】【Channel secret】と、LINEログイン チャネル設定の【チャネルID】【チャネルシークレット】は同じものではありません。

  Messaging API設定の【Channel ID】【Channel secret】は、LINE公式アカウントよりコピーしLINEログイン チャネル設定の【チャネルID】【チャネルシークレット】は、LINE Developersよりコピーしてください。

- LINE Developersのプロバイダー名がLINE公式アカウントで作成したものと一致していない。

メール配信エラー時の対策

　メールの配信エラーの発生は、主に以下の3つの要因に起因しています。

- 送信先メールサービス起因
- UTAGEユーザー起因
- お客様起因

それぞれの原因と対策を解説するので、エラー発生時に見直し、お客様にメッセージが配信できるように対策しましょう。

■ 送信先メールサービス起因

①送信先メールサービス側でブロックしている（特にicloud.com/携帯キャリアメール等）

この場合、送信先メールサービス側のセキュリティに起因しているため、お客様側でメールの受信拒否設定を見直していただくか（詳しくはご利用の携帯キャリア各社のサポート窓口へお問い合わせください）、どうしても配信エラーとなる場合は、別メールアドレスでご登録頂くようご案内ください。

　私の場合はオプトイン時にこのようなご案内を提示しています。

メールアドレス 必須

Gmail/Yahoo!mail推奨

今すぐ無料でプレゼントを受け取る 》

※入力されるメールアドレスはiCloudメールや携帯キャリアメールには配信されません【@softbank.ne.jp / @docomo.ne.jp / @ezweb.ne.jp】フリーアドレス（GoogleやYahoo）をお使いください。

■ UTAGEユーザー起因

①UTAGEでのメール配信実績が無いまたは少ないのに、いきなり何千通と一斉送信している

　UTAGEで配信実績が全く無いまたは少ないのにも関わらず、他配信スタンドからのリスト移行でUTAGEから一気に数千件をメール配信すると受信するメールサービスによっては配信エラー（スパム判定）となる可能性があります。他配信スタンドからUTAGEにリスト移行する際は、1日100件ずつなど少しずつ配信実績を作りながら徐々にメール配信の運用をしましょう。

②送信者メールアドレスのDKIM・DMARC設定が未完了

UTAGEのメール配信で使用している送信者メールアドレスのDKIM・DMARC認証設定が完了していないと受信するメールサービスによっては配信エラーとなる可能性がありますので、UTAGEでメール配信をされる場合は、CHAPTER-3のメール設定をご覧いただき、DKIM・DMARC認証設定を必ずご実施ください。

③発行者情報の不備や解除リンクがメッセージ内に無いなどガイドラインに沿ったメールを送信していない

送信するメッセージの内容が「特定電子メール法」や「Gmailのガイドライン」に準拠していない場合、送信先メールサービス側のセキュリティによっては配信エラーとなる可能性があります。

メールを送信する際はガイドラインに沿ったメール内容となっているか改めてご確認ください。

参考：総務省｜特定電子メールの送信等の適正化等に関する法律より抜粋（https://www.soumu.go.jp/joho_tsusin/d_syohi/law-01.html）

1. 事前の受信同意の取得（オプトイン）

- メールマガジンを送信する前に、必ず受信者の同意を得る必要があります
- ただし、既存顧客に対して、取引に関する案内や、類似の商品・サービスの案内を送信する場合は、受信拒否の機会を明確に提示していれば、同意を得ずに送信することが可能です

2. 配信停止の容易化（オプトアウト）

- メールマガジンには、配信停止（購読解除）の手順を明記する必要があります
- 配信停止用のURLをメール本文に分かりやすく記載しましょう
- 配信停止の要求があった場合は、速やかに対応する必要があり

ます

3. 以下の事項をメール本文に明記

- 送信者名：法人名または代表者氏名を明記します
- 送信者住所：事務所の所在地を記載します
- お問い合わせ先：電話番号やメールアドレスなど、容易に連絡が取れる手段を記載します

　お客様のメールアドレスなどの個人情報は、適切に管理し、プライバシーポリシーに則って取り扱いましょう。

ファネルページエラー時の対策（カウントダウン機能など）

・ファネルページにアクセスしても違うページが表示されたり、公開終了画面等になってしまう。

　カウントダウンタイマーの設定ミスが考えられます。指定した日時の設定が間違えていないか、PC・SP それぞれで設定を変えていないかどうかも確認しましょう。

・ファネルページ内で作成した要素が表示されていない

　非表示になっている要素の表示端末設定を確認してください。

・ファネルページ内の決済要素部分に商品名が表示されていない

　商品管理設定の【商品詳細（価格ラインナップ）】にて

連携フォームへの表示：表示する

販売期間を指定する：表示させたい日程になっているかを確認しましょう

決済エラー時の対策

　お客様が商品の決済できなかった場合、考えられるケースと対策をまとめました。決済に関する対応はスピードと誠実なやり取りが大切です。下記をご覧いただき、適切な対応を行いましょう。

■ 商品の決済ができなかった

①販売者側に起因

　UnivaPayのアプリトークン作成ミス（独自ドメイン入力漏れ）が考えられます。

＜エラーメッセージ例＞

「エラー/このドメインからチェックアウトを実行できません。」

　UnivaPay側でアプリトークンの再作成及びUTAGE側で決済連携設定を行ってください。

②お客様側に起因

　分割払いの際に商品全額の利用枠がお使いのクレジットカードにない場合やクレジットカードそのものに分割支払いができない設定になっている可能性があります。お客様にクレジットカードの設定や利用枠をご確認いただいてください。

■ 継続課金商品の決済ができなかった

　お客様のクレジットカードの期限切れ、もしくは利用枠がない場合がありますのでお客様にクレジットカードの設定や利用枠をご確認いただいてください。

CHAPTER-
8

他にも
押さえておきたい
UTAGEの機能

8 オーダーバンプ機能

オンラインコンテンツ販売時に組み合わせて使うと顧客単価アップに役立つ機能としてオーダーバンプは非常に有効です。活用法をマスターして早速設定しましょう。

オーダーバンプとは

オーダーバンプとは、お客様が商品購入を確定する直前に、追加商品を提案できる機能です。スーパーのレジ横のお菓子や、ファストフード店でセットメニューを勧めるのと同じように、メイン商品とは別の商品を一緒に購入することを促し、客単価向上を図ります。

例えば私の場合は、

- メイン商品：講座
- オーダーバンプ商品：個別コンサル60分

といったように、メインの商品と親和性が高くお客様にとってプラスになるご提案をオーダーバンプにてご提案しています。

オーダーバンプの商品登録方法

01 上メニュー［ファネル］＞［商品管理］より商品を追加します。

今回は、商品A（オーダーバンプBあり）としました。

基本設定	
商品名	商品A（オーダーバンプBあり）
重複購入	許可する ⌄

02 商品名を記載します。

03 ［＋追加］ボタンをクリックし、商品詳細（価格ラインナップ）を追加します。

04 ［通常商品］を選択して、メインの商品詳細を設定します。

05 ［オーダーバンプ商品］を選択して、オーダーバンプ商品の商品詳細を設定します。

06 商品詳細（価格ラインナップ）に商品A、商品B（オーダーバンプ）が表示されるのを確認しましょう。

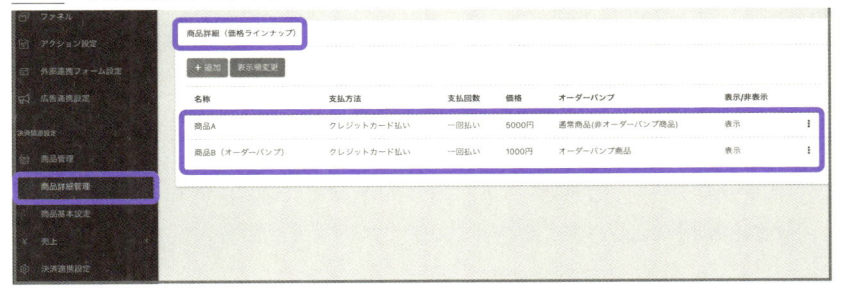

ファネルに反映させる

　作成したオーダーバンプ商品をファネルへ連携します。ファネル編集ページの要素追加ボタンより［決済フォーム］を追加します。

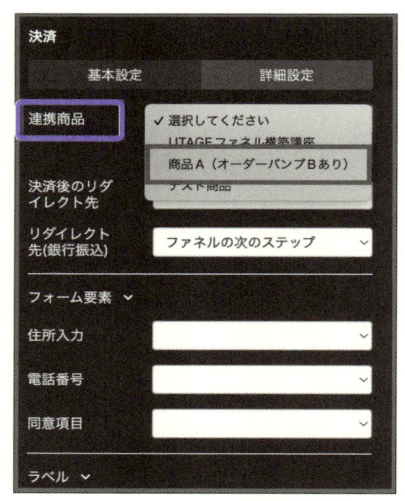

07 [連携商品] に作成した
商品を選択します。

08 プレビュー画面で、「商品A」が表示されていることを確認しましょう。

09 プレビュー画面で、注文をアップグレードすると、オーダーバンプが追加される
のを確認しましょう。

※今回は分かりやすく表示するために『商品B（オーダーバンプ）』と
商品設定しましたが、ファネルに表示する商品名を変更する場合は、
[商品詳細管理] ＞ [連携フォームへの表示] ＞ [表示する] に設定し、
商品名表記をご入力ください。

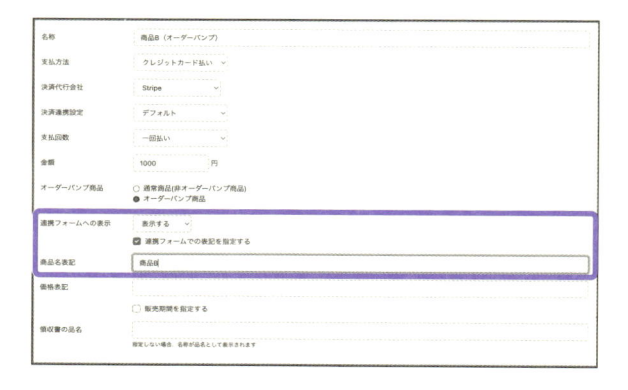

8

銀行振込の対応フロー

SECTION
02
ほとんどのお客様がオンラインコンテンツ購入時にクレジットカードを利用されますが、銀行振り込みで支払いたい方向けに必要なUTAGEの設定を行いましょう。

オンラインコース販売においての支払い方法

　オンラインコンテンツはその名の通りオンライン上で購入できるものですが、主な支払い方法は

- クレジットカード
- 銀行振込

の2パターンがあります。

　オンラインコンテンツが欲しいと思ったその場で決済ができ、決済後すぐにメール等でコンテンツが格納された会員サイトが手に入るため、流れのスムーズさからほとんどの方がクレジットカードで購入されます。しかし、クレジットカード決済しかないと、クレジットカードをお持ちではない方やクレジットカードではなく現金派のお客様が購入を見送ってしまい、売り逃しが発生してしまいます。

　そのため、オンラインコンテンツを販売する際の支払い方法はクレジットカードだけではなく銀行振り込みにも対応できるのが望ましいです。

銀行振込フローの全体像

銀行振り込み時のフロー

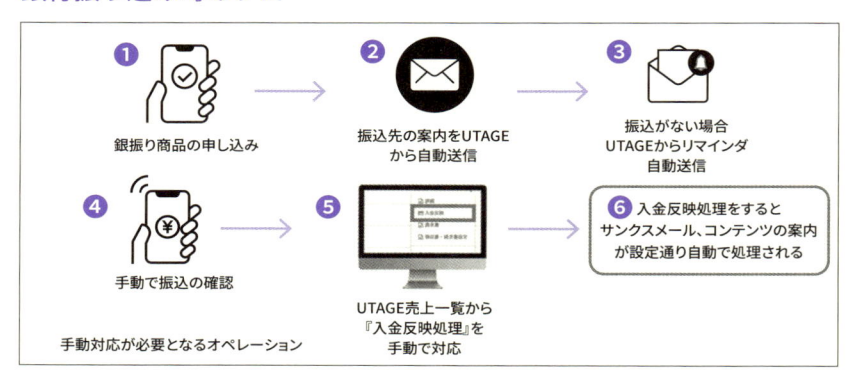

　銀行振込でオンラインコンテンツを購入する流れは上記のとおりで、クレジットカードでの決済に比べて、入金確認すること・UTAGEに反映処理する2つの手動対応が発生します。

※Univa Payの銀行振込決済を契約すると入金確認が不要となります。
　詳しくはUniva Payにお問い合わせください。
　手動対応が2工程あるものの、UTAGEがあることによって

- 振込先情報をメールで自動配信できる
- 振込後のお知らせ（会員サイト提供など）も自動配信できる

といった利点があり作業工数が少なく済みます。

UTAGEの銀行振込設定と操作方法

　UTAGEの機能を使って銀行振り込みでお支払いいただくために必要な設定を実装しましょう。

■ Step1：決済連携設定で振込先口座情報の登録

01 ［ファネル］＞［決済連携設定］にアクセスします。

02 画面一番下の［振込先口座設定］に振込先とする講座情報を入力し［保存］ボタンをクリックします。

■ Step2：商品管理より銀行振込を受け付ける商品登録

　ファネル＞商品管理から、対象の管理名称を選択します。

「商品詳細（価格ラインナップ）」画面で［＋追加］ボタンをクリック。支払方法に「銀行振込」を選択し、決済代行会社は「なし」を選択。決済連携設定にStep1で作成した決済連携設定名を選択します。支払回数：「一回払い」を選択してください。連携フォームへの表示は「表示する」を選択します。

　これで設定完了です！　必要に応じて変更や確認を行いながら進めてください。

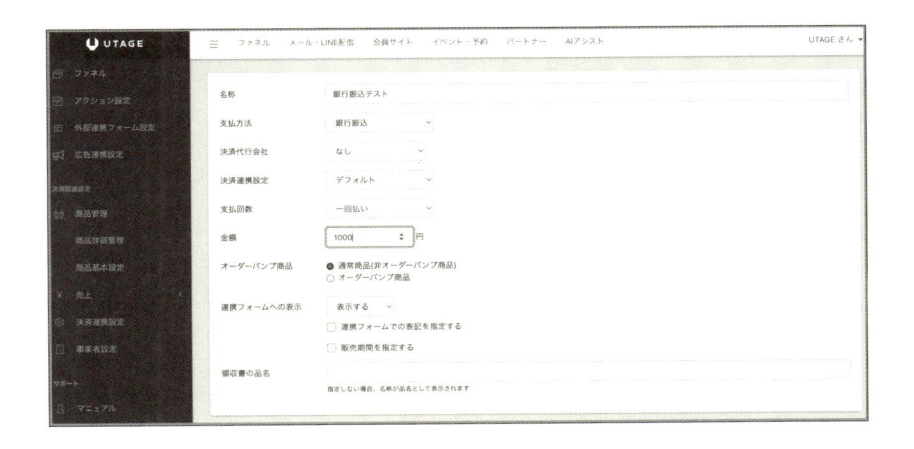

■ 申込後の動作設定

デフォルトメール内容

　Step1にて設定した「振込先口座設定」内容がメール内に記載されます。

　以下のようなメールが自動で送信されます。

件名：お振込先のご案内

下記の通り、銀行振込にてご注文を承りました。

記載の口座までお振込をお願い致します。

注文番号：YYYYYYYYYY

申込日時：2025/01/19 10:30:00

決済金額：¥5,000

商品名：サンプル商品（銀行振込）

振込先口座情報

銀行名：△△銀行（銀行番号YYY）

支店名：△△支店（支店番号YYY）

口座種別：当座

口座番号：YYYYYYYYYY

口座名義：株式会社□□□□

支払期日：2025年01月27日(月)

※恐れ入りますが振込手数料はご負担ください。

※振込名義と申込者名が異なる場合はご一報ください。

請求書

https://example.com/invoice/AAA/BBB

お問い合わせ先：

zzz@zzz.com

■ 入金反映後の動作設定

　着金確認後に入金反映処理を実行した後の動作設定です。
・登録するシナリオ：商品購入者に商品提供案内メールを送信するた
　めのシナリオを選択します。
・開放するバンドルコース：開放するバンドルコースを指定します。
・実行するアクション：あれば設定します。

■ 支払期限の設定

　支払い期限の設定を行うことができます。
　本設定を行うことで

　　● 申込時の自動返信メール内に支払期限日の自動挿入
　　● リマインドメールの配信タイミング

　にて利用されます。

　設定が完了したら［保存］ボタンをクリックします。

■ Step3：ファネルページにて銀振り商品の連携

01 ファネル > ファネル名選択 > 任意のファネルページの［編集］ボタンをクリック
（決済用ページ/ファネルが存在しない場合はテンプレート「決済ページ」をご利
用ください）。

02 青色の「＋」ボタンから［決済フォーム］要素を配置（テンプレート利用の場合
は［決済フォーム］要素をクリック）。

03 連携商品：［Step2］で作成した商品名を選択。

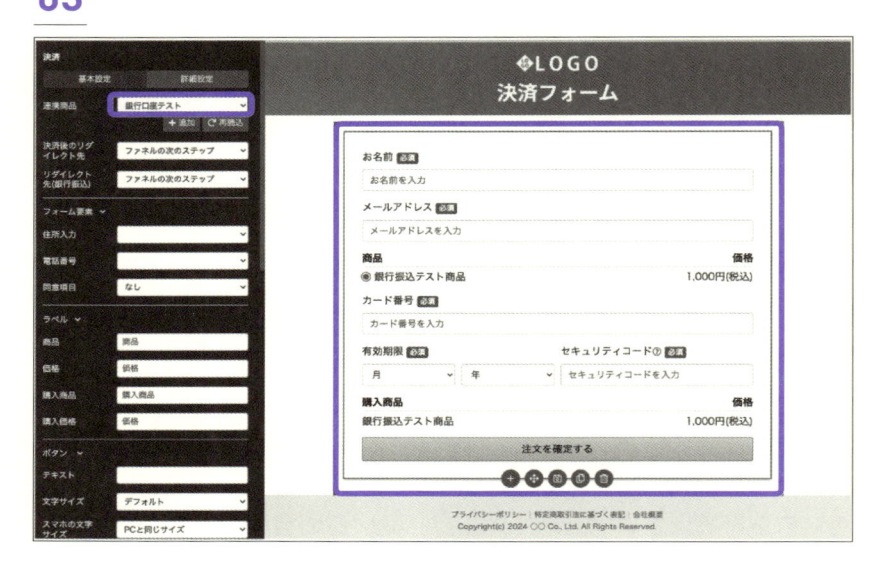

■ 入金反映処理

　振込先銀行口座へ着金確認が取れましたら、下記の入金反映処理を実行します。

01 ファネル > 売上 > 売上一覧。

02 入金者名やメールアドレス等の情報で該当者を検索。

03 該当者データ右側の三点アイコンをクリック。

04 ［入金反映］ボタンをクリック。

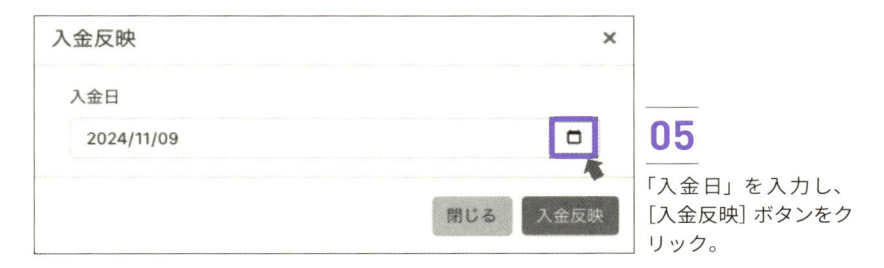

入金反映　　　　　　　　　　　　　　　×

入金日

2024/11/09　　　　　　　　　　　　□

閉じる　　入金反映

05

「入金日」を入力し、
［入金反映］ボタンをク
リック。

06 入金反映処理が完了すると、該当者のステータスが「決済成功」に切り替わります。

　シナリオ登録やバンドルコース登録などの入金反映後の処理が実行されます。

8 広告設定

オンラインコンテンツの販売はSNSでのオーガニック集客以外で広告も有効です。集客数・販売数をアップさせていく上で必要な広告設定をマスターしましょう。

コンバージョンAPIとの連携

※UTAGEでの設定前にMeta側での設定が必要です。

　Metaの設定方法についてはオフィシャルページにてご確認ください。

UTAGE側の設定

- 広告連携設定の追加
- 各ページの広告連携より連携するイベントの選択

　を行います。

広告連携設定の追加

［ファネル］＞［広告連携設定］を開き［追加］ボタンを押します。
　管理名称を入力し、Meta広告から取得した

- ピクセルID（データセットID）
- アクセストークン
- テストイベントコード

　を入力したら［テスト］ボタンをクリックします。

テストイベントが正しく受信できているとFacebook広告のデータソースの画面が以下の画面に自動で切り替わります。

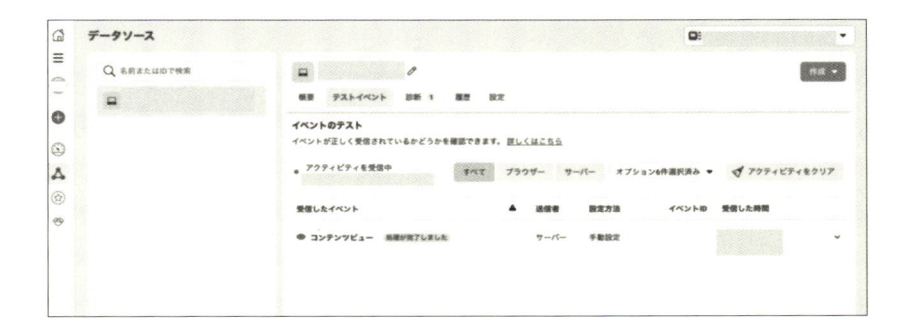

UTAGEの広告連携設定の画面に戻り［保存］ボタンを押します。

各ページの広告連携より連携するイベントの選択

［ファネル］＞ファネル一覧よりコンバージョンAPIにイベント送信をしたいページの編集画面を開きます。

ページ設定＞広告連携を開きます。

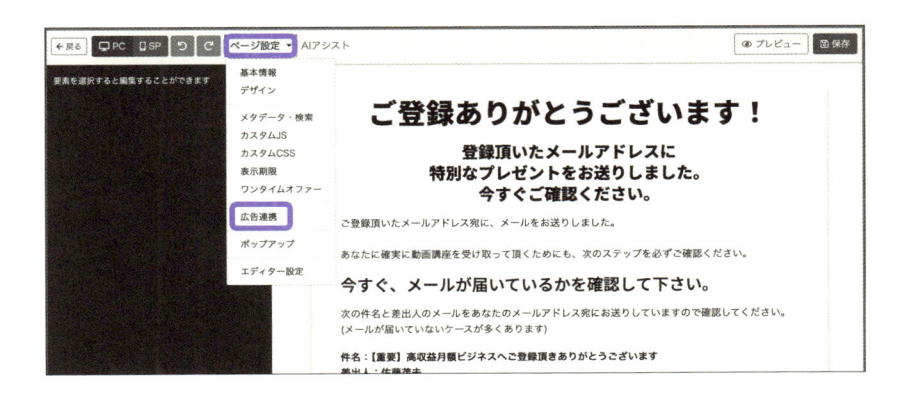

以下の設定をし「保存」ボタンを押します。

広告連携設定：追加した広告連携設定を選択します。

イベント：送信したいイベントを選択します

以上で設定は完了です。

ABテストの活用

UTAGEでは同一ファネルステップ内に複数のページを設けてABテストを行うことが可能となる機能があります。

届けたいお客様に刺さるファーストビューはどちらか・ボタンはどのデザインやカラーがクリックされやすいかなどを比較・確認する上でABテスト機能は役立ちます。特にリスト獲得を目的とした広告運用においてABテストは欠かせないため、UTAGEのABテスト機能を使ってページの分析や改善に役立てましょう。

■ ABテスト設定方法

［ファネル］＞［ファネル一覧］該当ファネル＞［ページ一覧］該当ページを開く

・A/Bテストページの作成

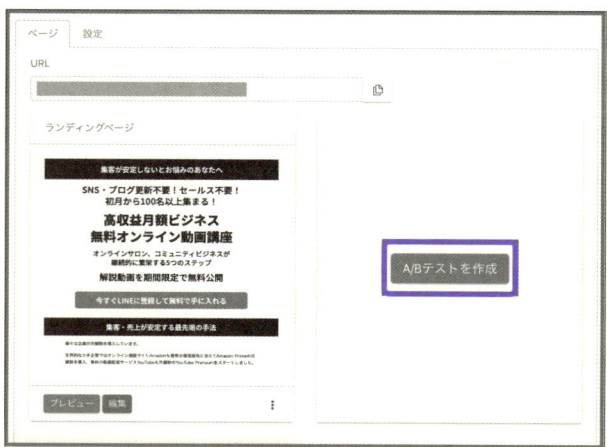

01

［A/Bテストを作成］ボタンをクリックします。

02 ［ページをコピーして作成］［新規にページを作成］から選択してページを作成します。

・ページをコピーして作成

　既存のページをコピーして作成します。一部のみ変更してテストする場合はこちらの作成方法をおすすめします。

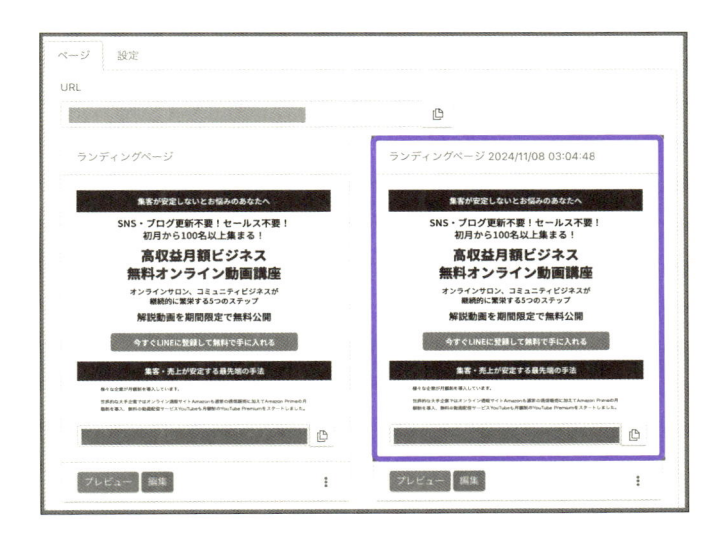

　ABテストの結果は［ファネル］＞［データ］を開くと参照できます。

　設定したページごとに集計された値が表示されますのでテスト結果として参照ください。

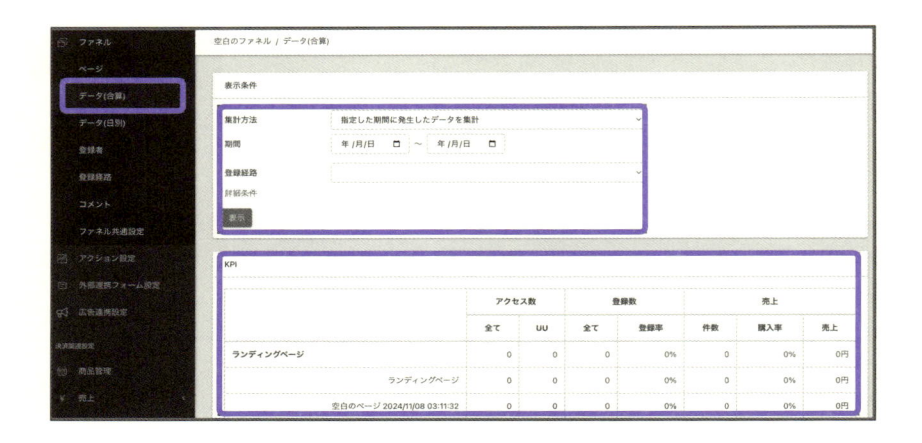

　LPにおいて特に重要になるのがクリエイティブのデザイン・訴求内容・視認性です。

　なかなかリスト取得など申し込みに繋がらない場合、デザインの第一印象が良くない・目に止まらない・ユーザーに刺さる訴求になっていないなどが原因になっていることが多いため、クリエイティブを見直しましょう。

他会員サイトからのUTAGE 会員サイトへの引っ越し

SECTION 04

UTAGE以外の会員サイトを利用していたけどオールインワンで管理できるUTAGEに引っ越す方が急増中です。1度仕組みを作ればあとは自動化が可能です。

引っ越し全体像

別ツールの会員サイトからUTAGEの会員サイトに移行する流れを把握し、必要な準備を行いましょう。

①UTAGEで会員サイト（コース）を作成する

②UTAGE会員サイトにレッスンを作成し、元サイトの内容を移行する

③元サイトからUTAGEのレッスンに移行ができたらUTAGEの会員サイトにてバンドルコース設定を行う

④ファネル機能で会員サイト移行申込ページを作り、お客様にご案内する

⑤お客様にメールアドレスなど必要事項を入力していただく

⑥登録されたメールアドレス宛に会員サイト情報が配信され、同時に会員サイト受講者登録（バンドルコース開放）がされ利用スタートできる

229

アンケート機能

8

UTAGEのアンケート機能を使ってリストユーザーや顧客との関係性を深め、満足度の向上や売上アップ施策に役立てましょう。

　UTAGEではアンケート機能が充実していて、受講前後アンケート・感想やリクエストアンケート・現状把握アンケート・審査フォーム等を簡単に作成できます。

シナリオ内アンケート

　別シナリオを作成することなく、該当のシナリオ内でアンケートを作成できる機能です。また、シナリオ内アンケートを使うことによって、LINE登録→シナリオ内アンケートでメールアドレスを取得することにより、同一シナリオでLINEアカウント情報とメールアドレスを統合することが可能です。そうすることで顧客情報の把握やオペレーションに役立ちます。

シナリオ内アンケート機能利用時の注意点

「シナリオ内アンケート」利用時は、必ず同一アカウントかつ同一シナリオのステップ配信で、シナリオ内アンケートURLを案内するようにしてください。

注意点：作成したシナリオ内アンケートとは別のシナリオ経由でシナリオ内アンケートURLを送信すると読者情報の紐付けができず、エラーメッセージ「対応していない画面遷移が行われたためページを表示することができません。」が表示されます。

　必ず、シナリオ内アンケートURLは、同一シナリオ内の一斉配信／

ステップ配信/リマインダ配信経由で送信してください（シナリオ内アンケートURLを直接ブラウザへコピーしてアクセスすることはできません）。

■ シナリオ内アンケート作成方法

01 ［メール・LINE配信］＞アカウント名選択＞シナリオ名選択＞左側メニュー［シナリオ内アンケート］をクリックします。

02 ［追加］ボタンを押します。

03 アンケート項目を追加し、［保存］ボタンを押します。

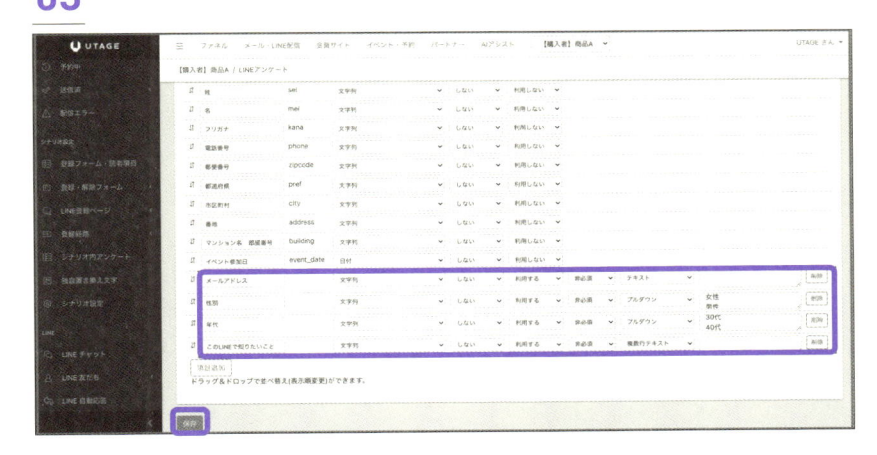

※LINE登録後、メールアドレスをシナリオ内アンケート経由で取得する場合、メールアドレスを「入力必須」と設定します。

04 「保存しました」と表示されればアンケートの作成は完了です。

■ シナリオ内アンケートのフォーム設定

　作成したアンケート右側の操作メニュー［：］＞［フォーム設定］
をクリックします。
　必要事項を入力します。

ステータスを［非公開］と設定した場合：「フォームにアクセスした際
　に遷移するURL」を入力できます。

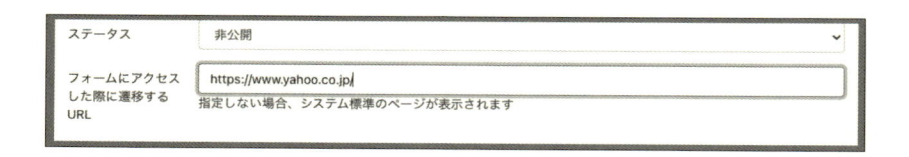

※指定しない場合、システム標準のページが表示されますのでご注意
　ください。

ステータスを「期間限定公開」と設定した場合：「公開終了日時」と
　「終了後フォームにアクセスした際に遷移するURL」を入力できま
　す。
※指定しない場合、システム標準のページが表示されますのでご注意
　ください。

■ 送信後の動作設定

実行するアクション：送信後に実行するアクションを選択できます。
　アクションが不要な場合は「実行しない」を選択してください。
シナリオ登録直後に送信するメール：「送信する」「送信しない」より
　選択できます。
※ステップ配信でメール追加をしていないと配信されません。

■ サンクスページ設定

アンケート回答後に表示させるサンクスページの設定ができます。

■ メール通知設定

通知先メールアドレス：通知を送りたいメールアドレスをご入力ください。複数メールアドレスに通知する場合、カンマ区切りで入力ください。

通知内容：「デフォルト」「カスタム」より選択ください。デフォルトの内容を変更したい場合は「カスタム」にてご対応ください。

■ シナリオ内アンケートの活用方法

［シナリオ内アンケート］で作成したアンケートのURLをコピーします。

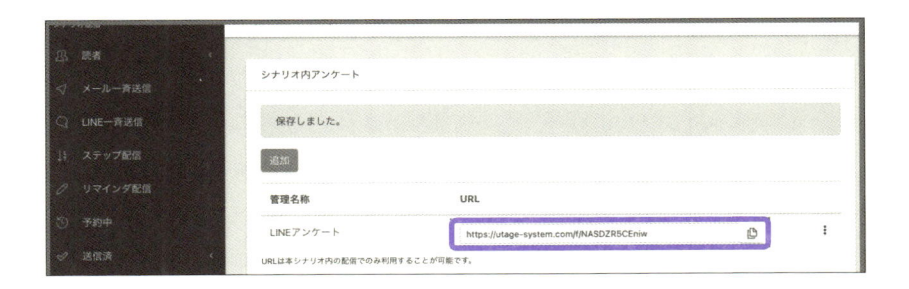

※URLは本シナリオ内の配信でのみ利用することが可能です。

　同一シナリオ内で、ステップ配信や一斉配信にてアンケート用URLを配信します（シナリオ内アンケートを作成したシナリオとは別シナリオでアンケート用URLを配信してもデータ反映されません）。

233

ファネル機能を活用したアンケートページ

シナリオ内アンケートは簡単に作成できる一方で対象シナリオに登録していないとアクセスすることができないですが、ファネル機能を活用すると誰でもそのページにアクセスすることができます。いくつかの手順が必要ですが、1度作成すると複製もしやすく便利なので必要に応じて活用してみてください。

■ ファネルページでアンケートを作成する

01 ［メール・LINE配信］＞アカウント名選択＞シナリオ名選択＞左側メニュー［シナリオ設定］＞［登録フォーム・読者項目］をクリックします。

02 項目設定にてアンケート項目を追加し、［保存］ボタンを押します。

※他シナリオ連携「する」にすると、他のシナリオでもアンケート結果が表示されます。

※フォーム利用「利用する」にしないとフォームに表示されないので要注意。

03 上メニュー［ファネル］＞［追加］＞［空白のファネル］＞編集画面にて要素［カスタムフォーム 入力欄］を2で作成した入力箇所数の分を追加します。

04 左メニュー［項目設定］＞追加したい項目を選択します（オリジナルで作成したアンケート項目は［シナリオ読者項目］を選択）。

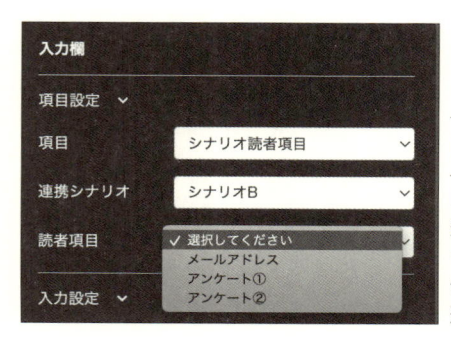

05

［シナリオ読者項目］を選択した場合＞連携シナリオ＞読者項目から作成したアンケートを選択します。

06 カスタムフォーム 入力欄>［送信ボタン］を追加し、左メニュー送信ボタン>動作
［登録フォーム送信］を選択し、アンケートを作成したシナリオと連携させます。

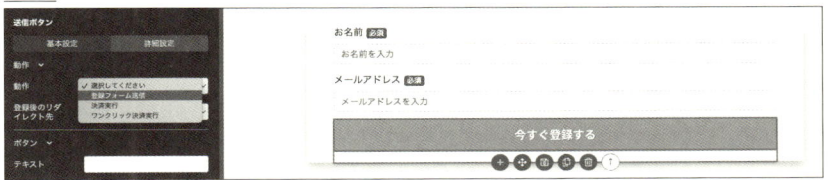

07 ページを保存し、ページのURLを対象者に送付します。
アンケート回答結果は対象シナリオの読者一覧にて確認してください。

トリップワイヤー ファネル

段階的にセールスを行う手法で複数商品を1度にまとめてオファーができるトリップワイヤーファネルも、UTAGEの機能を使うと簡単に作ることができます。

トリップワイヤーファネル構築ステップ

　トリップワイヤーファネルの構築の手間と難しさが高いハードルになっていたのですが、UTAGEではいとも簡単にトリップワイヤーファネルを構築できます。

①商品登録をする

　トリップワイヤーで販売するコンテンツごとに商品登録をします。
例・フロントエンド・ミドルエンド・バックエンドの3種類

　自分ですでに作ってあるファネルページがあればそれを複製し簡単に作ることができます。
※次のページに遷移させるためには、ボタン要素を選択し左メニュー
　＞［フォーム要素］＞［登録後のリダイレクト先］にて［ファネル
　の次のステップ］を選ぶようにしてください。

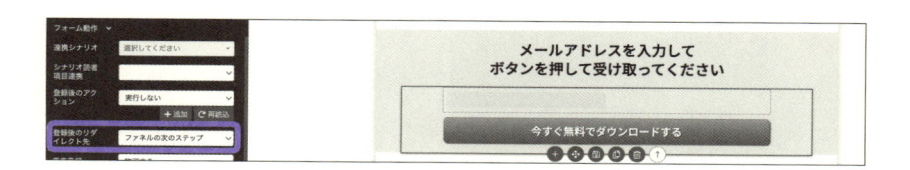

　その上で［ファネルの次のステップ］に適したファネルページに表

示順を整えるようにして下さい。最適なファネルの並び順を以下にご紹介します。

　この並びにしておくと決済された後にそのままスマートに次のページが表示されます。

　表示順を変更したい場合は左下の［表示順変更］よりドラック＆ドロップで移動させて下さい。

③連携作業の確認

●オプトインページであれば登録ボタンと対象のシナリオを連携します。

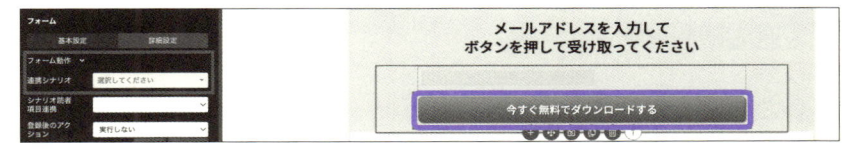

●フロントエンド商品は、要素＞決済フォームを追加の上、連携商品と連携します。

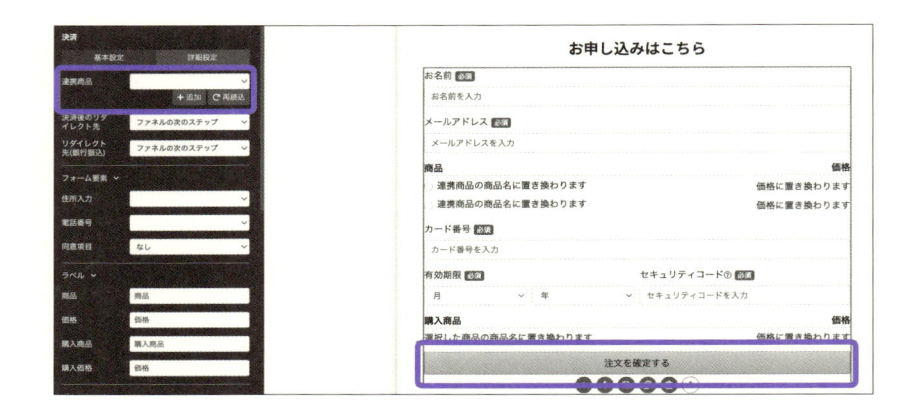

●フロンドエンド以降（ミドルエンドやバックエンド）は要素＞カスタムフォーム［購入ボタン］（アップセル購入ボタン）を追加します。

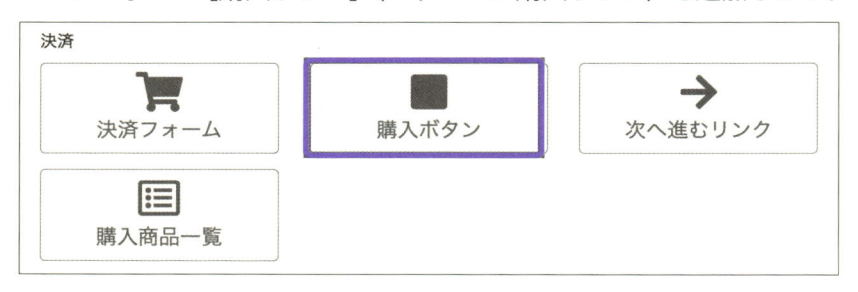

● ［購入ボタン］（アップセル購入ボタン）と連携商品を連携します。

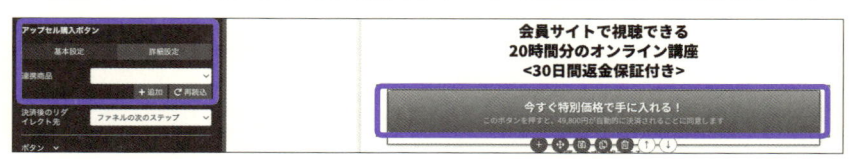

決済後のリダイレクト先は購入サンクスページやご案内ページのファネルページを用意して表示させるとご案内がスムーズです。

■ おわりに

　本書をお読みいただきありがとうございました。初めての方も、既にUTAGEをご利用の方も、本書がお役に立てば幸いです。

　みなさんの大切なオンラインコンテンツを多くの人に届けるには、販売に繋がる仕組み作りが不可欠です。UTAGEでそれを実現するためのステップを解説しました。本書とUTAGEシステムをビジネスパートナーとして、取り組んでみてください。

　この本で解説したUTAGE攻略方法は、すべてではありません。UTAGEは使うユーザー視点でどんどんアップデートがあるシステムだからです。UTAGEのアップデートとともに、みなさんの事業にもどんどん取り入れて活用してみて下さい。

　最新の情報は、私が運営する「YouTubeチャンネル」や「UTAGE解説ページ」でもお届けしていきます。

　このような素晴らしいシステムを開発してくださったUTAGE開発者株式会社Fountain代表の和泉さん「まどかUTAGEサポートチーム」としていつも丁寧なサポートをくださるUTAGEサポートメンバーの皆さまにも心から感謝申し上げます。

　最後にこの本を出版するにあたりご協力くださったYouTubeマーケターおさるさん、650名を超える受講生の皆さま、出版チームリーダーの前田由紀子さん、新井杏子さん、近藤歩さん、平井香さん本当にありがとうございました。皆様のご尽力とご恩を、本書を通して多くのオンラインコンテンツ販売者に届けられるよう、精進いたします。心からの感謝を込めて。

UTAGE講師 まどか

著者紹介

UTAGE講師 まどか（うたげこうし まどか）

株式会社エムクリエイト代表取締役

講師歴20年、おさるマーケ大学UTAGEファネル構築講座を主宰しており受講者数日本一を更新し続けている（受講生650名）。これまで500種類以上の講座を開発したコンテンツ制作ノウハウ・戦略的マーケティングスキルで受講者満足度98％と売り上げ拡大実績を持つ。また美容系協会の代表理事も務める。

UTAGE攻略YouTubeチャンネル

https://www.youtube.com/@utage.madoka

UTAGE解説ページ

https://madoka-irie.com

UTAGE講師まどか公式メルマガ

https://utage-system.com/page/yThfBjsZops4?ftid=6FnGE6IA5vwg

メルマガ

編集協力●アポロン陽子、山田稔

PDCAを回して結果を出す！
UTAGE集客・運用マニュアル

2025年2月27日　初版第一刷発行
2025年5月20日　　　第二刷発行

著　者	UTAGE講師 まどか
発行者	宮下 晴樹
発　行	つた書房株式会社
	〒101-0025　東京都千代田区神田佐久間町3-21-5　ヒガシカンダビル3F
	TEL. 03（6868）4254
発　売	株式会社三省堂書店／創英社
	〒101-0051　東京都千代田区神田神保町1-1
	TEL. 03（3291）2295
印刷／製本	株式会社丸井工文社

©Madoka 2025,Printed in Japan
ISBN978-4-905084-87-7

定価はカバーに表示してあります。乱丁・落丁本がございましたら、お取り替えいたします。本書の内容の一部あるいは全部を無断で複製複写（コピー）することは、法律で認められた場合をのぞき、著作権および出版権の侵害になりますので、その場合はあらかじめ小社あてに許諾を求めてください。